Jan 1977, Tom Waits

May 1976, David Grisman Quintet

Dec 1976, New Grass Revival

Sep 1976, Eric Andersen

Apr 1977, Guy Clark

Jun 1977, Mud Acres

Jun 1978, Levon Helm & RCO Allstars

Aug 1983, The Band

Aug 1983, Richard Manuel

Jan 1979, O.V.Wright

Oct 1979, Graham Paker

May 1977, Amos Garrett

聴かずに死ねるか!
TOM'S CABIN
小さな呼び屋
トムス・キャビンの全仕事
麻田浩 奥和宏 共著
RittorMusic

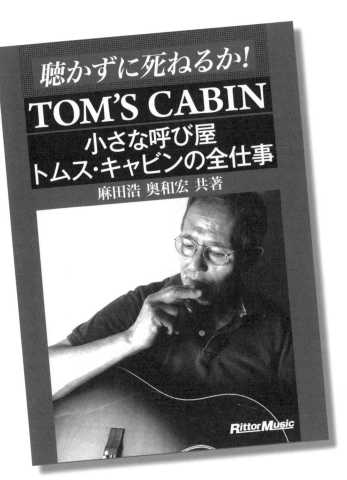

はじめに

奥　和宏

思いっきり個人的な話から始めさせていただく。初めて体験したトムス・キャビン・プロダクションズのコンサートは、１９７８年のデヴィッド・ブロムバーグ・バンドだった。ブロムバーグは大好きなギタリストだったし、バンド名義の最初のアルバムにもかなりの衝撃を受けていたしで、晴れてそのパフォーマンスを目の当たりにできたときの感激も、またひとしおだった。

実を言うと、日本に呼ぶとしたらトムス・キャビンだろうな、という漠然とした予感は以前からあった。この会社が手がけたミュージシャンたちは、どれも知る人ぞ知るといった印象の、シブめな個性派ばかりだったからだ。そうした独自のセレクションが、トムスを主宰する麻田浩さんの好みによるものであることも、なんとなくわかっていた。

私が初めてそのお名前を知ったとき、麻田さんは自作曲を歌うソロ・シンガーだった。音楽誌のコラムやレコードのライナーノーツなどで見かけるようになってからも、ずいぶん海外の事情に精通したミュージシャンだなという程度に捉えていた。そんな人がいきなり会社を立ち上げて海外のミュージシャンの招聘を始める、と聞いたときはさすがに驚いたけれど、どこかで麻田さんらしいなと納得していたような気がする。

トム・ウェイツ、エリック・アンダーセン、ブルース・コバーン、ザ・バンド、エルヴィス・コステロ、ザ・ストラングラーズ、トーキング・ヘッズ、B-52'S、ＸＴＣ、ラウンジ・リザーズ、ジム・クエスキン・ジャグ・バンド、デヴィッド・グリスマン・クインテット、ニュー・グラス・リバイバル、オーティス・クレイ、O・V・ライト……など。麻田さんが最初に来日公演を手がけたミュージシャンのリストは壮観だ。もしトムス・キャビンがなかったら、見ることができなかったかもしれないような人も少なくない。知らないうちにお世話になっていた、という洋楽ファンも多いのではないか。

私自身はコンサートに通うばかりでなく、いつしか気がつくと、直接お目にかかってインタビューをしたり、来日ミュージシャンの取材のコーディネートをお願いしたりするようになっていた。そして一般には知られていない耳よりな話をいろいろうかがっているうちに、これを1冊の本にまとめて後世に残すべきなのでは、と考えるようになった。

そんな折も折、とあるトーク・イベントで、ご本人の口から「本を出さないかという話があるのだけれど、誰か手伝ってくれる人がいないかな」と明かされたからたまらない。それだったら私しかいないでしょと僭越《せんえつ》にも名乗り出て、半ば強引に参加させていただくことにした。それから1年以上かかって、ようやく完成にこぎつけたのがこの本だ。

本書は麻田浩の半生記である。米軍のラジオ放送に夢中だった少年時代に始まって、若き日の濃密な渡米体験、波乱万丈なトムス・キャビンの顛末、そして近年の新たな活躍までを網羅してある。ツアー中のハプニングや、有名ミュージシャンのオフ・ステージの様子はもちろんのこと、そのほかエピソードも、みな常軌を逸していて面白い。わくわくさせられる。

ご本人の口からは語りにくい部分もあるだろうということで、長年にわたりトムス・キャビンと関わってきた伊藤アシュラさんの証言や、僚友とお呼びしてもいいようなピーター・バラカンさんとの対談も掲載させていただいた。併せてお読みくだされば、より全体像が明確になることと思う。

目次 contents

表紙写真：得能通弘　装丁：マーチン荻沢（ヒットスタジオ）　デザイン：マーチン荻沢、角谷直美

1

イグニッション　点火

❖はじまりはＦＥＮ❖

小さいときからＦＥＮオタクだった。ＦＥＮ（ファー・イースト・ネットワーク）というのは、米軍関係者向けの英語のラジオ放送局（現ＡＦＮ）のこと。いとこの家に行くと、必ずこれがかかっていた。

僕の家には妹しかいなかったけれど、横浜の山手のほうにある親戚の家には、年上の男の従兄弟が四人いた。少し大きくなると、この従兄弟たちに会いにその家まで電車に乗って出かけるようになった。一人で行けるようになった頃だから、おそらく小学校五、六年生になってからのことだと思う。週末には必ずと言っていいほど行っていた。夏休みにはずっと泊まり込むようになって、アヒルの世話、コリー犬の散歩などをした。そういう手伝いをすると、褒美にシトロエンの２ＣＶやラビットに乗せてくれたんだ。

その家には手回しの蓄音機があったから、行くと必ずＳＰ盤を聴いていた。ジョージア・ギブズという人の「セブン・ロンリー・デイズ」という曲がすごく好きで、しょっちゅうかけていたのを覚えている。ほかにも当時の流行り歌みたいなのがＳＰ盤であった。テネシー・アーニー・フォードの「16トン」やペレス・プラードやビリー・ボーンのオーケストラものなどだ。

僕のおじさんと従兄弟が進駐軍に勤めていた関係で、その家にはレコードがいっぱいあって、ＦＥＮもしょっちゅう流れていた。それに英字新聞も取っていて、音楽と同時に乗り物、とくに車が大好きだった僕は、そこの家の英字新聞から車の広告を切り取って、ノートに貼ったりもしていた。

あの頃のＦＥＮはずいぶん音楽がかかっていたから、その影響で自宅でもＦＥＮを聴くようになった。まだ一家に一台しかラジオがなくて、それをみんなで聴くのが当たり前だった時代。でもある日、自分一人で聴けるようにと、従兄弟の兄貴が鉱石ラジオを作ってくれた。昔は鉱石ラジオの組み立てキットというものがあって、簡単に手に入れることができたのだ。こうしてやっと、片耳にイヤホンを入れて一人でＦＥＮが聴けるようになった。

親父は日本郵船の船長をしていた。だからとても洋風な人ではあったけれど、尺八を吹いたりもしていて、ラジオはほとんどNHKしか聴かなかった。その頃NHKのラジオでは、落語や浪曲がよく放送されていて、親父はそれを聴くのが好きだったみたい。そのため、僕も落語や浪曲を親父と聴いていた。それと当時の子供たちがみんな聴いていた『おらあ三太だ』とか『笛吹童子』なんていうラジオドラマも聴いていた。それまでは、僕も落語や浪曲しか聴いていなかったから、鉱石ラジオで自分で好きな音楽を聴けるようになったことは、とてもうれしかった。

当時のFENは、土曜日になると『ハワイ・コールズ』や『グランド・オール・オープリー』や『トップ40』といった番組を放送していた。だから、土曜日の夜はラジオにかじりついて、欠かさず聴いていた。また、朝の5時か6時にはカントリーの番組もあった。番組のタイトルは、たしか『本州ヘイライド』だったと思う。それはもう、しかたがないので早起きして、布団の中でイヤフォーンで聴いた。

FENを聴くときは、ノートにタイトルや歌手の名前を、できる限りメモしておくようにしていた。わからないところはカタカナで適当に書いてね。僕の英語の成績はたいへん悪かったのだけれど、そんなことをやっていたおかげでヒアリングは知らず知らずのうちに上達していたのではないかと思う。なぜ朝の5時にカントリーを聴くようになったかは、いまとなってはよくわからない。はたしてどこから情報を得ていたものか……。もしかしたら友人のお姉さんから聞いたのかもしれない。

❖ 洋楽のレコードを集めだす ❖

中学から明治学院というところに行った。部活は、野球。本当はブラス・バンド部に入りたかったけれど、僕の学校にはブラス・バンド部がなかった。それでも明治学院はキリスト教の学校だったので、いわゆる教会音楽というか讃美歌は、毎朝、礼拝に行って必ず歌っていた。だから後になってレコードでセイクレッド・ソングを聴いたりすると「ああこれ知ってるわ」となることも多い。

中学になると、シングル盤のレコードも買いだした。トップ40に出てくるようなヒット曲のレコードをいっぱい買って持っていたけれど、フォークを聴くようになってからは、こうしたレコードはほとんど売って、フォークのレコードに換えてしまった。

ところが何年か前に両親が死んで家を売ることになり、いろんなものを整理していたら、お袋がそういうシングル盤のような、僕にとっては懐かしい思い出のものを箱に入れて取っておいてくれていたことがわかった。売れ残ったレコードも出てきて、それを見たらファッツ・ドミノやコンウェイ・トゥイッティ、ジーン・ヴィンセントなども買っていたのを思い出した。

こうしたレコードは、当時の僕らは横浜から東横線目蒲線で明治学院に通っていた関係で、自由が丘にあった東光ストアの中のレコード屋さんで注文していた。あの頃は、ものすごく流行っていた歌はともかく、僕らが好きだったちょっとマニアックなレコードは、注文しないと買えなかった。輸入盤に限らず、日本盤でもそうだった。音楽が好きな友人が四、五人いて、おこづかいが少ない僕らは、「お前これ買えよ」とそれぞれに割り振って、それをみんなで回して聴いていた。

当然FENは聴き続けていたけれど、『S盤アワー』のような日本のラジオ番組も聴き始めていた。当時は、いわゆる日本のヒット曲と、向こうのヒット曲とはまったく異なっていた。僕はどちらかというとアメリカのヒット曲のほうに興味があった。黒人ガールズ・グループのシュレルスや、マーサとバンデラス、それからファッツ・ドミノのようなリズム&ブルースもかなり好きだった。でも、その種のレコードは全部売り払ってしまって残っていない。そうしたレコードはよく売れたのだ。

なぜ洋楽に惹かれたかというと、やはりFENでかかっていたのを聴いて、なにかしらかっこよく感じたからだと思う。当時の日本の歌は歌謡曲で、FENから聴こえてくる音楽とはずいぶん違っていた。とはいえ歌謡曲も街頭スピーカーなどからよく流れていたから、あの頃のものはよく覚えている。春日八郎の「お富さん」をはじめ、三橋美智也、美空ひばり……。とくに美空ひばりは横浜の人だったので親近感もあった。歌謡曲もラジオで聴いてはいたけど、自分で聴くのはやはりFENだった。だから音楽に関しては、FENというか、ラジオを先生にして育ったと言える。当時の僕は音楽と車が好きな少年で。中学生活の興味はただそれだけだった。

❖中学生で映画デビュー❖

家の取り壊しの時に、レコードといっしょにドラマのシナリオなども出てきた。お袋はそれも保管しておいくれたのだ。その中には、大島渚さんの映画『愛と希望の街』（制作時のタイトルは『鳩を売る少年』）にちらっと出たときのシナリオもある。

この作品は大島さんのデビュー作なのだが、大島さんの助監督で、のちに脚本家になった田村孟さんという方が、僕の中学校の先生と友達だった縁で、わざわざ学校まで主演の少年を探しに来た。

僕の家には、映画関係者とのコネクションはまったくなかった。ただ、先生と助監督の方が友達だったというだけで、その人がうちの学校に来て、写真を見たのかなんだかわからないけれど、僕を選んでくれた。僕はどちらかというとシャイなほうだったから、とくに目立っていたわけではなかったと思う。それでも、なぜか僕が候補に選ばれ、松竹の大船撮影所まで行ってカメラ・テストを受けた。僕はまったくそういう経験がなくて、興味もなかったのだけど、ただ学校を休めるというだけで、その気になってしまった。

結局、僕は主役にはなれず、主役はちゃんとした劇団にいた子が務めた。僕は「少年A」役でちらっと出た。あとで親父が怒ってね。「何で学校でそういうことやらせるんだ」と言って。うちの親父は全然厳しい人ではなかったけど、そのときはずいぶん怒っていた。

❖フォークの衝撃❖

僕の世代のフォーク・ファンはたいていそうだと思うが、キングストン・トリオが1958年か1959年にヒットさせた「トム・ドゥーリー」が、フォークを聴き始めたきっかけと言えばきっかけだったと思う。日本では59年の頭くらいだったろうか。あるとき、あのバンジョーのイントロが聴こえてきて、なんだか知らないけれど、たいへんなショックを受けた。「なんだこりゃ」と感じた。そのあとに続く語りとコーラスも新鮮だった。曲の構成はいたってシンプル。「ああ、こういう音楽があるんだ」と、ものすごく驚いた。というのはそれまで聴いていたポップスはアレンジされたバックで歌手が歌うというものだったから。

そのうちにアメリカでもフォーク・ブームが起こる。ブラザーズ・フォーやハイウェイ・メンのような、いわゆる学生フォークの連中や、ピーター・ポール＆マリーというフォーク・ブーム用に作られたグループが、キングストンのあとにたくさん出てきた。FENや日本の放送局でもそうしたアメリカン・フォークがかかるようになっていた。

FENのフォーク番組『Many Faces Of Folk Music』を聴くようになったのも、おそらくこの頃からだろう。ヒュー・チェリーという人がやっていた番組で、かなりマニアックなフォークを紹介していた。

レコードもそれまでのヒット曲のコレクションを売って、フォークを買い漁るようになった。いちばん最初に買ったのは、日本盤のキングストン・トリオの10インチ盤。東芝の赤い盤のレコードだった。ほかにポップスやカントリーなども聴き続けてはいたけれど、いちばんの興味はフォークに移ってしまったのだ。

単純に言ってしまえば、僕たちはアメリカのカレッジ・フォークの世代になる。アメリカでも、フォークをやっているのはほとんど大学生が中心だった。自分たちで演奏するようになったのは、高校の3回生の頃。9月の文化祭にクラスで何か出し物を考えなければいけなかったのに、これといってやるものがない。それで、僕らのクラスの四人で「じゃあ、フォークやろうぜ」と決めてギターを買った。

メンバーは、僕と重見康一と吉田勝宣、それから山田光行。それ以前から僕と吉田とは、遊びでギターを弾いてカントリーの真似事みたいなのをやっていて、そこに重見が入ってきた。そのあとはどういう経緯でそうなったかよく覚えていないけれど、山田がバンジョーを習っていているという話を聞いてメンバーになってもらい、バンドの練習をした。重見の従兄弟のお兄さんがハワイアンをやっていたので、簡単なコードを教えてもらったりもした。そして四人でハーモニーをつけて歌って、文化祭ではブラザーズ・フォーやキングストン・トリオ、それにブルーグラスの曲などを演奏した記憶がある。

フォークは、それまでのポピュラー・ミュージックのように、作詞作曲をする人がいて、誰かがアレンジをして、歌手に歌わせて、ヒットさせる……というシステムとは別物だった。キングストン・トリオにしても、デビューした頃は大学を卒業したばかりの、言って見ればほとんど学生みたいなものだった。その学生みたいな若者が、自分たちで作詞作曲（当初は民謡をアレンジ）から、演奏、歌まで全部やって、何百万枚も売ってしまったわけだ。これはすごいなと思ったし、自分たちでもできそうな気になった。オーケストラのアレンジ譜を書いたりすることはできなくても、ギターで簡単なコードを弾いて、歌って、三度くらいのハーモニーをつけることならできる。

僕らに指導者はいなかった。強いて言えばレコードが先生だった。レコードを何回も聴いて音を取って……。当時はそれが当たり前だった。僕らより前の世代のカントリーのみなさんもそうしていた。

カントリーも好きだったから、日本のカントリーのライブも観に行っていた。有楽町に蚕糸会館という、昔のニッポン放送などが入っていたビルがあって、その中のビデオホールというところで、「東京グランド・オール・オープリー」というコンサートをやっていたのだ。僕がいちばん好きだったのは、ジミー時田とマウンテン・プレイボーイズ。メンバーが豪華で、寺内タケシさんやいかりや長介さんもいた。半分くらいは、もうのちのドリフターズのようで、ギャグも交えてコミカルに（ドリフターズになってからもその当時のネタはやっていた）。ところが、歌はジミーさんだからすごくうまい。そのあたりの両極端に大いに影響されて、バンドをやるならこういう風にしようと思うようになった。

❖レコードはハンター、洋書はイエナ❖

大学に入った最初の年の１９６３年に、前述の四人で本格的にバンドを組んだのだが、すぐにバンジョーが辞めてしまった。そんなときに、東京グランド・オール・オープリーを観に行って出会ったのが、真木壮一郎（のちのマイク真木）だった。真木は、その頃すでにファイヤー・サイド・ボーイズというフォーク・バンドでコンテストに出て優勝していたから、僕らはそれを観て顔を覚えていたのだ。彼がバンドを辞めていたのも知っていたので、「いっしょにやらないか」と声をかけた。こうして高校からの僕ら三人に真木が加わることになった。真木は日大だったから、学校は別だったのだけれど。

あの頃の大学の軽音楽部は、ハワイアンとカントリーとジャズの三つがメインだった。だから僕らも大学に入った当初はカントリーに入った。最初にどこに所属するかを決めるときに、軽音楽部の先輩にいろいろ見てもらって、「まあカントリーだろ」ということになったのだ。後にいっしょにアメリカに行くことになるサッチン（岩沢幸矢）も、ここでカントリー・シンガーとして活躍していた。

ここでバンド名のいきさつについても書いておこう。63年にバンドを組んだときに、名前は何にしようかとみんなで考えた。けっこういろいろな案が出た末に、「ジャズのバンドでモダン・ジャズ・カルテットというのがあるから、それをもじってモダン・フォーク・カルテット（ＭＦＱ）にしよう」と決まった。ところがそれから半年くらいしてから、アメリカにも同じ名前のバンドがあることがわかった。「えっ！」と思ってレコードを取り寄せたら、これがもうバカテクで……。「これはかなわない。もう名前変えようか」みたいな話にもなった。しかし自分で言うのもおこがましいけれど、もう僕らもけっこう売れていたというか、けっこういろんなところに出ていて、学生の間ではある程度の人気バンドになっていたのだ。「どうせ学生終わったらやめるんだし、あと二年だから、このままいこうよ」ということで、モダン・フォーク・カルテットの名前はそのままにした。

その頃の楽器編成は、ギター2本にベース、バンジョー。神田のカワセ楽器ではもうマーティンなども売っていたけれど、とっても買えるような値段ではなかったから、僕が最初に買ったのはマルハというギターだった。一応フォーク・ギターっぽい感じにデザインされていた。ただ、僕はバンドではベース担当だったので、それとは別にベースも買って弾いていた。

MFQのレパートリーは、当時のほかのグループと同じようにアメリカのフォーク・グループのカバー。これをそのまま英語で歌っていた。曲を探してくるのは僕の役目というか、もうその頃はフォークのグループのレコードをどんどん買っていたから、必然的にそうなった。フォークの同人誌みたいな『SING OUT!』誌の広告をチェックしたりもしていたしね。

最初に買った『SING OUT!』は1961年の2、3月号で、これが高二のとき。銀座のイエナという洋書屋さんで見つけた。正札には近藤書店と書いてあるのだが、実態はイエナだった。

最初にイエナに行った目的は、『ティーン・ビート』というポップスの雑誌を買うため。あの当時はアメリカのポップスの歌詞が載っている雑誌は、ここでしか売っていなかった。この書店で、あるとき『SING OUT!』の10thアニバーサリー号を見つけて買い、それから『SING OUT!』を定期的に買うようになった。

当時は、レコードはハンター、洋書はイエナで、僕は一週間に一回か二回は銀座に行っていた。ハンターではかなりのレコードを買った。あの頃はほんとにハンターには掘り出し物がいっぱいあったのだ。そのあとは、今の地下鉄の入り口を降りたところにあったコックドールというレストランで、ダグウッド・サンドという、アメリカン・

アメリカのフォーク・ソング・マガジン『SING OUT!』の1962年10-11月号。高校時代は、主に本書からフォークの情報を得ていた。

コミックの登場人物にちなんだ名前の三段重ねのサンドイッチを食べるのが楽しみだった。レコード・ハントして、雑誌をチェックして、そこでサンドイッチを食べるというのがお決まりのコース。三笠會館のカレーもよく食べた。デザートのアイスクリームがすごく美味しかった。

『SING OUT!』は、月によって入って来ないことがあった、もしかしたら僕が買う前に売れてしまっていたのかもしれない。だから全部の号はそろっていない。この雑誌で僕がいちばん愛読していたのは、イージー・ヤングという人が書いていた後ろのほうのコラム。これがけっこう面白かった。イージー・ヤングはニューヨークのフォークロア・センターを経営していた人で、このコラムには、誰が何をしているかというような情報がいっぱい書いてあった。誰と誰が結婚したとか、どのバンドの誰がメンバーを辞めたとか、誰が新しいグループを組んだとか、今月はこのレコードが出たとか。これを見て僕はフォーク界の情報を得ていたのだ。彼にはその後ニューヨークで出会い、いろいろと世話になることになる。

ほかに「Schwann（シュワン）」というレコードのカタログもあった。これは、いまハイファイ・レコードをやっている友人の大江田信にあげてしまって、手元にない。このカタログには、リリースされたレコードが全部載っていた。それが毎月出る。こちらはヤマハで扱っていたので、渋谷のヤマハで買っていた。ここでも新譜や旧譜のレコードをチェックして、欲しいレコードを探す。雑誌でだいたい情報を得て、シュワンを見て、ないものはヤマハに注文するみたいなことをしていた。

ハンターには中村とようさんあたりもたぶん行っていたから、早い者勝ちみたいなところもあった。お金はそんなに持っていなかったので、「これはちょっと今日は買えないけど、欲しいからクラシックの棚のほうに隠しておこう」……なんてこともした。で、翌日行くとないんだよ、もう。いまにして思えば迷惑な客だった。これはレコードが好きな人はよくやっていたことだと思うけど。

中古レコードは、渋谷の道玄坂の台湾料理店・麗郷前の路地にあった進駐軍の払い下げ品を取り扱っていたサカエ屋、新宿のオザワ、コタニ、神田のハルモニアなどで買っていた。

❖広がるフォークの輪❖

キングストン・トリオか、ブラザーズ・フォーか、ピーター・ポール＆マリー……あの頃は、この三つをコピーするというのが、学生フォーク・バンドの常套手段だったけど、僕らはほとんどそういうのをやったことがない。マイナーでいい曲を探して、そっちをやろうと決めていた。歌詞がわからないと、真木の友達の外国の人に歌詞をとってもらったり。そうやって、僕らのグループはレパートリーを増やしていった。

さっきも言ったように、僕はジミー時田さんのマウンテン・プレイボーイズのフォーク版をやりたかったから、ステージではすごく面白いことをしゃべってお客を楽しませないといけないと思っていた。アメリカのフォーク・バンドのライブ盤を聴いてもすごく笑いをとっていたので、僕らもそういうような歌と笑いをミックスした、まあかっこよく言えばエンターテイメントを目指したわけだ。

だから最初はみんなで脚本を書いていたし、ジミーさんのところのネタもパクっていた。でもそのうちにMCをやっていた重見康一の喋りがうまくなっていったから、彼に任せることにした。とはいえダジャレのシリーズなどは、その後もみんなで考えていたけれど。

ジミーさんのところは、面白い上に演奏と歌がすごい。でも僕らは演奏と歌はまあまあ程度だったから、なるべく人のやっていない曲をやろうとした。そうすればアラが見えないから。僕らがやってけっこう人気のあった「アニー」という曲は、ニュー・クリスティ・ミンストレルズのランディ・スパークスという人がリーダーだった、ランディ・スパークス・スリーのアルバムの中の曲だ。

たとえばＰＰＭだと、その頃小室等がＰＰＭフォロワーズというのをやっていて、ＰＰＭの曲をスリーフィンガーのピッキングも含めてほぼ完璧にコピーしていた。また、黒澤久雄のブロードサイド・フォー（最初はブロードサイド・スリー）はブラザーズ・フォーをコピーしていた。どちらのバンドも、すごくうまかった。

63年の秋くらいだっただろうか。日劇の演出家の日高仁さんの弟さんで、日高義さんという方がいらっしゃって、その人が、日本で初めてのフーテナニーを開催した。フーテナニーというのは、いわゆるフォークの連中がみんなで集まって歌うような集会だ。そのフーテナニーを、今はもうなくなってしまったけれど、原宿の明治通りにあった教会でやった。そのときに出演したのが、僕らと、まだブロードサイド・フォーができる前の二人、鶴原俊彦と横田実のジャッキー&クレイン（黒澤久雄はこのときはまだいなかった）。あとは小室等のPPMフォロワーズ。それから小室の奥さんのお兄さんである鈴木さんがやっていた川口のキャスケーズ（川口の出身だから、鋳物からきている名前だったらしい。この人たちはグリークラブの出身で、レパートリーも含めて大人のバンドという感じだった）。以上の四組くらいが出演した。

そのときに初めて、「あ、自分たち以外でフォークやってる人がいるんだ」ということがわかった。それまでは自分たちの周りの情報しかなくて、鶴原俊彦や横田実や黒澤久雄は知っていたけれど、PPMフォロワーズも、川口でやっている人がいたこともまったく知らなかった。だから初めて知ったときには驚いた。

小室はその頃からPPMをコピーしていて、そのあとPPMのギター奏法の教則本を出した。レコードではなくて、ペラペラなソノシート付き。小室といっしょにやっていた小林雄二と二人で作った。

❖カレッジ・コンサート❖

それまでの大学のコンサートは、ジャズが年に一回くらい、カントリーは半年に一回くらいしかやっていなかった。それも各大学の部活の延長線、つまり発表会のようなものだった。ところが、その後いろいろな大学のカント

1966年頃、学生時代に人気を博していたモダン・フォーク・カルテット。麻田はウッドベースを担当。

リーのバンドを集めたコンサートが始まり、それをプロモートする学生も出てきて、学生主催のコンサートが増えてきた。「All U Jubilee」が最初だったのだろうか？　当初はカントリーがメインで、そこにブルーグラスがちょっと入るくらいだったっけど、これに僕らがフォークで出ていったらけっこう人気になり、そのうちほとんどフォークばかりになってしまった。僕らもずいぶん出演した。いちばん大きいところで、厚生年金会館の中ホールあたりだったから、六百人とか七百人の規模。そこが満員になる。

フォークのおしゃれなイメージがウケたというのもあったかもしれない。キングストン・トリオを僕がかっこいいなと思ったのも、彼らが7分袖くらいの、ストライプのシャツをいつも着ていたのが原因の一つだった。ウェストコーストのスタンフォード大学あたりのイメージだろうか。時代はアイビー・ブームが始まる頃だったから、アイビーっぽくもあったのかな？　そんなシャツは当時の日本ではまだ売ってなかったから（あのVANジャケットにもまだなかった）、僕らのバンドは下北沢のまだ戦後の闇市のような場所にあった生地屋さんに、ガールフレンドたちに連れて行ってもらってストライプの生地を買い、青山通りのたぶん今の外苑前駅のそばにあったタジマ屋という仕立て屋さん（基本的には進駐軍の人たち相手の店。まあ日本の人も利用してたんだろうけど）に生地とレコード・ジャケットを持っていって、「これと同じように作ってくれ」と言って作ってもらった。ファッションもそうだけど、フォーク自体もまだブームというほどではなかったから、そんなことをしたのは僕らがいちばん最初だったかもしれない。ただ、僕らはすごくVANジャケットにかわいがられて、そのうちにVANジャケットがストライプのシャツを作るようになったときにもらったりもした。

当時のギャラは、とっても安かった。コンサートのあとは打ち上げということになるのだが、主催者がやる打ち上げは高円寺の焼肉屋あたりだった。その頃から焼肉屋に行ってたのだから、それはそれですごいことだとは思うけど、僕らはそういうのに飽きてしまって、黒澤たちのブロードサイド・フォーといっしょに、六本木のニコラスやミッシェリーというイタリア・レストランに行ってピザを食べていた。そうすると、もう完全に赤字だ。ギャラなんかふっとんじゃう。経費もそんなにかかっていなかったはずなので、いま考えると主催者はすごい儲かっていたんじゃないかと思う。あんなにお客が入っていたんだから。

そういう学生の主催するコンサートが増えてきて、このコンサートに出たらほかには出られないという派閥のようなものまで生まれたりした。でも僕らは「そういうことを言うなら出ないよ」と言って、すべてのコンサートに出ていた。

❖MFQで全米ツアー❖

そんな風にライブに明け暮れていたら、65年になってMRA（モラル・リ・アーマメント＝道徳再武装運動）という団体から、当時はフォークをやっていたロビー和田を通して、アメリカ行きの話が来た。「向こうでショーをするミュージシャンを探しているから誰か行かないか?」って。あの当時のことだから、ただでアメリカに行けるんだったら何が何だって行っちゃおうと思って、MFQで行くことにした。そのときのパスポートをいまも持っているけれど、これが数次のビザだった。こんなのあの当時、普通はもらえなかった。そういう意味では、ものすごくラッキーだったね。

おそらくアメリカ政府の肝いりみたいなところもあったのだろう。MRAという団体の、初めての世界大会。マキノ島というミシガンのリゾート地にある島で開催するイベントに、日本のバンドも呼ぼうということだったみたい。僕らはその団体に入っていなかったけれど、タダでアメリカに行けるんだったら、何でもいいやと思って参加した。アメリカに行ったら向こうでいろいろ見られるかと思っていたけど、お固い団体で、そういうことはいっさいだめだっていう。道徳再武装運動っていう、名前からしてすごいところだから。

だからアメリカには行けたものの、このときは決められたスケジュールで動いて、それ以外の場所は何も見ていない。それでも旅行は楽しかった。それこそ行きも帰りもチャーター機。行きはスーパー・コンステレーションという、垂直尾翼が三枚ある旅客機に乗った。羽田を出て、ウェーキ島に寄って、それからハワイにもう一度停まった。給油しないと直接行けないような飛行機でね。その飛行機がハワイで故障して、部品が来るまでの三日間ハワイ観光をしていた。かなり寄り道をしたけれど、最終的にシカゴに着いて、そこからバスでミシガン湖にあるマキノ島に渡った。

最初はマキノ島のコンサート一回だけのつもりで、それが終わったら帰ってくるという話だったけど、向こうでショーを仕立ててアメリカを回ろうっていう話になって、僕らもその中に組み入れられた。僕らの演奏は入っていないけれど、『sing-out '65』といって、ライブ・レコードも出ている。スタイルとしてはバラエティ風のショーで、僕らのほかは、アメリカの女の子のフォーク・バンド、グリーン・グレン・シンガーズと、ウルグアイのフォルクローレのトリオ、あとはフィンランドあたりの民族ダンスとか。みんな階段に座って、司会はコーウェル・ブラザーズとかいうフォーク・トリオが務める。この人たちはけっこう大人だった。

僕らもそのショーのパートに組み入れられて、いっしょにアメリカをツアーした。ほかの日本人たちは、その時点で帰っちゃったけど。1965年の7月25日に出て、1965年の9月23日に千歳に帰ってきているから、ほぼ二ヵ月間、西から東までアメリカを横断したことになる。貴重な体験であったことは間違いない。いろいろなところを回ったから。東部の避暑地のニューポートや、ケネディー家の別荘があるハイアニス・ポートも行ったし、ニューメキシコ州のアルバカーキというインディアンの集落が残っている街にも行った。それからその年にニューヨークでやっていた万国博覧会（ワールド・フェア）にも出演した。

向こうでも、ずっとモダン・フォーク・カルテットと名乗っていた。向こうの司会の人も普通にそう呼んでいた。たぶんあそこの連中は、アメリカにもMFQというグループがあることを知らなかったのではないだろうか。

そのときはもう吉田勝宣が体調を崩して辞めていて、渡辺かおるという、のちにけっこう有名なデザイナーになる男がギターを弾いた。ボーカルは僕と真木と重見と三人でやった。

僕らは「メンズクラブ」誌にもすごくかわいがってもらっていて、この時のレポートを載せてもらったりした。大学生がアメリカのショーに入って全米を回るなんて、当時としては画期的な出来事だったから。フィルムをたくさん持たされて、写真を撮って編集部に送った覚えがある。僕らはその後もメンズクラブにはいっぱい出ている。

❖ラジオ番組のレギュラーに❖

MFQはアメリカから帰ってきてすぐに解散した。だいたい当時の学生バンドというのは、四年になると辞めて就職活動するのが普通だったのだ。だから僕らも三年の秋頃にはそろそろ就職運動もしなければと思って、バンドを解散した。真木は浪人していたから僕らより学年が一つ下で、ソロとして歌うことになった。

ただそんな時に、浮田さんというディレクターの方から、ラジオ関東で番組をやらないかという話が来た。キョーリン・フォーク・カプセルという杏林製薬の提供の番組で、月〜金の15分の帯放送だったと思う。最初は僕らMFQの四人でやることになった。リスナーから詞を送ってもらって、それに曲をつけるという、そんなこともやる番組で、ほとんどの曲は自分たちで作った。始まったのは帰ってきてすぐだったから、66年頃から。

マイク真木は、もう「バラが咲いた」をヒットさせたあとだった。あの頃、浜口庫之助さんがフォークの曲を書いて、デモテープを作るので誰かに歌わせようと考えたみたいなんだけど、浜庫さんが親父の関係で真木を知っていて声がかかったのかな？　真木がデモテープに参加したら、「これでいいんじゃないの？」ということになったらしい。それを出したら大ヒット。そのまま真木はプロ歌手になって、そのあと司会もやったりいろいろ始めていた。この番組をやりだしたときは、もう真木はそうとう忙しかったと思う。それである時、真木がいなくなっちゃったんだ。番組をすっぽかして。

真木も最初は番組のレギュラーだったけれど、そんなわけで出演したのは最初の何回かだけじゃないかな？　真木が失踪したのでどうしようかと話し合って、森山良子を入れようということになった。そのときになんで森山良子に決まったのかはよく覚えてないけれど、とにかく番組を続けなくちゃいけなかった。

こうしてフォーク・カプセルは、僕と渡辺と重見と森山良子というメンバーになった。それで森山良子に「お前も何か書けよ」とみんなで言って書かせたのが「この広い野原いっぱい」という曲。彼女もそれでレコード・デビューしちゃったという……。

僕は大学を卒業したら普通のサラリーマンになるつもりでいた。車がずっと好きで、けっこう運転もしていて、音楽と車が僕のメインのテーマだった。車好きだったから、卒論も商品学というのを取って車のことを書いた。ホンダが好きだったもので「ホンダに勤めたいなぁ」なんて思っていた。

2

オン・ザ・ロード　途上

DATE WITH FOLK·CAPSULERS
"いってらっしゃい 麻田ひろしくん アメリカへ"
21th MARCH. 2：00—5：00 Sugino Hall
HIROSHI ASADA
RYOKO MORIYAMA
KOICHI SHIGEMI
KAORU WATANABE
FROGGIES
& MANY OTHERS
PRODUCED BY STUDENT'S FESTIVAL
非売品
御招待

❖いきなり手術❖

大学を卒業したら、またアメリカに行こうと決めていた。一年だけ無銭旅行をして、帰って来たらホンダに勤めようと考えていたくらいだから、ずいぶんいいかげんな大学生だったと思う。二度目の渡米は１９６７年で、ラジオ関東の『キョーリン・フォーク・カプセル』をやっている時期だった。僕は途中でお休みをいただいてアメリカに行ったのだ。

一回めのときは何も観られなかったというのがあった。当時僕はミシシッピー・ジョン・ハートがすごく好きだったから、今度はジョン・ハートをぜひ観たいというのが目的の一つ。ただ、ジョン・ハートは１９６６年になくなってしまって観られなかった。それからニューポート・フォーク・フェスティバルを観たいというのもあった。

最終的に簿記の単位を取れなくて、大学は卒業できなかったけれど、もう行っちゃおうと。帰国後にアルバイトでお金も貯めていたし、数次のビザの期限もあったし。このビザが使えるうちに行かなきゃという思いもあった。65年のときに、それこそ百人近い連中といっしょにツアーで回っていたから、友だちがいっぱいできた。各地にいろいろな友だちがいて、皆が家においでよと言ってくれた。それだけコネクションができていたから、比較的安易に行く気になったのだと思う。

１９６７年3月26日に羽田を発って一路アメリカへ。最初はサンフランシスコに着いた。飛行場にもヒッピーがたくさんいて、ああこれが日本にいるときに雑誌で見ていたアメリカなんだと思った。ショックも感じたけれど、なぜか嬉しい気持ちにもなった。それから飛行機を乗り換えてロサンゼルスへ。「sing-out '65」の仲間の紹介で、日系人のスエナカ家に居候させてもらうことになった。ちょうど娘さんが寄宿舎に入っていて部屋が空いてるからということだった。

その頃外国へ行くというのはけっこうたいへんなことで、その一週間くらい前から、いろいろな友達があっちでもこっちでも送別会をやってくれて、けっこう疲れ果てた状態で飛行機に乗った。そのせいもあったのか、着いて二日めの朝にものすごくお腹が痛くなった。朝の4時か5時くらいだっただろうか？ もう寝ていられる状態じゃなかった。でも、そこの家の人をそんなに早く起こすわけにいかないと思って、7時くらいまで我慢した。そのうちだんだん脂汗が出てきた。

ようやく起きてきたスエナカさんのお母さんに話したら、「すぐ病院に行きましょう」と、近くの病院に車で連れていってくれた。そうしたら、すぐに盲腸だと言われた。「お金を持ってるのか？」と聞かれたけれど、四百ドルくらいしかない。それまで病気したことがなかったから、保険もかけてなかったのだ。その病院は白人の先生で、「お金がないんだったらほかの病院へ行ってくれ」と言われた。こんなに脂汗流してるのに……。これにはかなりショックを受けた。でもスエナカさんが知り合いの日系のお医者さんのところに連れて行ってくれて、そこで「すぐに手術だ」と言われて手術をした。

手術はしたものの、お金がまったくなかったので支払いができない。手術費は千ドルくらいだったから、1ドル360円の時代ということは36万円くらい。

実は、親父は渡米にあんまり賛成していなかった。船長をやっているくせに、けっこう固くて、「ちゃんと就職しろ」と言うような人だった。だから卒業できないのにアメリカに行くというので、親子の葛藤があったわけ。「行く、行かない」みたいな話で揉めたりもした。そんな状況だったのに、渡米してすぐに領事館から家に電報がいって、「お宅の息子さんが手術して、全部払えるお金持ってないんですけど」という話が伝わってしまった。それでしょうがなく、親父が送金してくれたのだ。当時の36万円はかなりの金額で、だからすっかり申し訳ないなという気持ちになった。それまでさんざん親父と「行く行かない」、「お前何考えてんだ！」みたいな、ほとんど喧嘩腰のやりとりをしていたから。

でも、すごく嬉しかったのは、そのあとけっこう滅入ってしまって、もう日本に帰ろうかと思い、親父に手紙を書いたりもしたのだが、そうしたら「自分の思ったことは最後までやりなさい」っていう手紙が届いた。そこでまた、「う〜」と込み上げてきた。

❖アッシュ・グローブでNLCRを観る❖

ロサンゼルスでは、最初は日系のスエナカさんの家にいたのだが、スエナカさんの娘さんが学校から戻ってくるというので、もう一人いっしょにツアーで回っていたキャッシーという子の家、レンストロム家に移って、そこに居候させてもらった、盲腸の痕がきちっとくっついていなかったこともあって、ロサンゼルスでひと月ほど静養して暮らした。

移った先はラバーンというロスからかなり離れた街で、これはあとで知ったのだが、デヴィッド・リンドレーの住んでいるクレアモントの隣町だった。そこからバスを乗り継いでアッシュ・グローブというライブハウスに行き、ニュー・ロスト・シティ・ランブラーズ（NLCR）を観た。これが生でそういう音楽を観た最初の体験だった。

アッシュ・グローブは、わりと小さなライブハウスで、その頃は横にマッケイブスという楽器屋さんがあった。いわゆるフォーク系のトラッドなミュージシャンが、ロサンゼルスに来るときには必ずここでライブをやる。だからあとで聞いたら、僕の行った67年の春のNLCRのコンサートには、ライ・クーダーも来ていたし、デヴィッド・リンドレーも来ていたし、リチャード・グリーンも来ていたという……。当時若いフォーク系の音楽をやるような子たちは、たとえばビル・モンローが来るというようなときは、みんな必ず観に行っていたそうだ。アッシュ・グローブは、言ってみれば若手ミュージシャンの溜まり場のような場所だったのだ。

ちょうど日本から帰ってきたばかりのジュディ・コリンズも観た。これは僕の友人のお姉さんと車で行った。ギタリストがブルース・ラングホーンで、ミミ・ファリーニャもいっしょだった。ベースはいたっけな？ この二つはロサンゼルスで観た。

そのあとは、サンフランシスコに行った。その頃のサンフランシスコは、いわゆるヒッピーの全盛時代。「花のサンフランシスコ」のときだから、どこの店でもあの曲が流れていた。サイケな感じの飾り付けをしたお店では、パイプやペインティング用の材料や花なんかが山と積まれていて、歩いてる若者がマリワナをくれたりした。でも、そのころ僕は、どっちかというとトラッドのほうに走っていたから、あんまりヒッピーのバンドには興味がなかった。だからグレイトフル・デッドとかいろいろやっていたんだろうけど、観ていない。

❖シカゴでブルースを❖

サンフランシスコには四、五日いたのかな？ そのあとは、僕がアメリカに行くことを決めたあとに「自分もアメリカへ行ってホテルマンになる」と言ってやってきた、のちにブレッド&バターを結成するサッチンこと岩沢幸矢の知り合いがいるというシアトルに行ってみた。その頃は99ドルでグレイハウンド・バスに乗り放題というチケットがあった。後戻りしたらいけないけれど、先に行く分には好きなだけ乗っていいっていうチケットだ。それを存分に活用してシアトルまで行き、グレイハウンドの駅でサッチンに再開した。彼が知っていたご夫婦はシアトルの高級住宅地のすごい家に住んでいて、旦那さんは照明会社をやっていた。そしてなんと驚くことに、ロールスロイスを何台も持っているクラシック・カーのコレクターだった。車好きの僕にとっては夢のような家である。週末にはヤキマという街までのブレックファースト・ツアー。朝早く数十台のクラッシック・カーを連ねて走るという貴重な体験もさせてもらった。それに旦那さんの仕事の関係で、ライチャス・ブラザースのライブも観られた。

そんな夢のような日々をあとに、僕ら二人はまたグレイハウンドに乗ってシカゴへ。途中でアイダホ州の友だちのアルバのところにも寄った。ナンパという街だったけれど、本当に何もないところで、夜になると若者が車に乗って走り回る。理由なき反抗の田舎版。食事は彼女のお母さんが作ってくれるお芋料理と肉。たぶんあれがアメリカの田舎の中産階級の暮らしだったのだと思う。そんな風に、あの頃はほとんど「sing-out '65」でいっしょに旅をして回った友人たちの家を転々としていた。

シカゴでは、僕の昔のガールフレンドがアメリカ人と結婚して日本食レストランをやっていたので、彼女に会いに行き、そのレストランで久しぶりの日本食の夕食を食べた。店は繁盛してるのだが人手が足りないと言うので、そのままそのレストランで二ヵ月くらい住み込みで働かせてもらうことになった。仕事は基本、皿洗いにエビの皮むき、魚をさばく、肉を切るといった単純な作業だ。住み込みということで、地下の湿った部屋……というか、倉庫にミリタリーの折りたたみ式ベッドを買ってきて、そこでサッチンと二人で暮らした。

週末になると、仕事が終わる9時過ぎには、オールド・タウンというニューヨークのグリニッチ・ビレッジに当たるようなところまで、マディ・ウォーターズやジュニア・ウェルズといったブルースを観に行ったりしていた。マディはソロでも観たし、バンドをバックにやっているのも観た。若手だとシーゲル・シュウォール・バンドという白人のブルース・バンドなども観た。彼らとは仲良くなって、彼らを聴きに小沢征爾さんが来ていることも知った。でもブルースをやっているところって、たいていサウス・サイドで、レストランのオーナーには「そんな危ないところに行っちゃだめだよ」と言われていたんだけど。

あとは、サンフランシスコと同じで、ヒッピーがたまるような店もあった。時期的には僕達が帰国したあとになると思うけど、スティーヴ・グッドマンやジョン・プラインとかが演奏したカフェみたいなところもあった。アール・オブ・オールド・タウンとかいう名前だったかな。

❖ふたたび病魔に❖

シカゴではサッチンと二人で、オールド・タウン・スクール・オブ・フォーク・ミュージックという学校にも通った。ここはギターの弾き方を教えてくれる学校で、ここで初めてタブ譜というものがあることを知った。

こうしてしばらくは、昼間は働き、ライブが休みの夜はギター・スクールといった生活が続いたが、次第に元ガールフレンドの旦那の僕に対する差別がひどくなってきた。同じことをやっているのに、サッチンのほうが給料が良かったりしたのだ。サッチンは「早くこんなところ出て友達のいるアン・アーバーに行こうよ」と誘ってくれたけど、二ヵ月の約束で雇われていたので、その期限が終わるのはまだ先だった。結局僕は残り、サッチンは僕より先にシカゴを出て、アン・アーバーの友人のところに行くことになった。

そんなわけで二人でやっていた仕事を一人でやるようになり、ものすごく忙しくて、その後はあまり夜の外出をしなくなった。

そんなある日、朝起きると顔が腫れぼったい。仕事を休ませてもらったものの、翌日から身体中が膨れて、顔なんかはパンパンになった。これはおかしいということで病院に行くと、即入院。いろいろとチェックを受けたのだが原因はわからない。そのうち関節が動かなくなった。

最初は足首。それが一日か二日経つと上に上がってくる。つまり次は膝、次は腰、腕の付け根、首……。最後は顎の関節が動かなくなった。これは本当に恐怖だった。お医者さんもいろいろな本を見て病名を探したみたいだが、とうとうわからなかった。腫れの引いたあとは痒くてたまらないので、ピンク色の薬をもらってそれを身体中に塗っていた。そして入院費などでまたウン10万円くらいかかって、シカゴで稼いだお金が吹っ飛んでしまった。身体も痒みが残って薬を塗る状態で、完全に治ってはいなかったが、僕はとにかくニューポートへ行かなければならない。

退院した三日後に、そんな状態のまま、再びグレイハウンドに乗ってニューポートを目指した。サッチンとはシカゴでいっしょだったし、ニューヨークでもほぼいっしょだった。二人でバンドをやろうかという話もあったくらいだ。一度いっしょにオーディションを受けに行ったけれど、全然だめだった。それこそサイモンとガーファンクルの曲かなんかを覚えていったのだが……。

❖ヤマハのギターがマーティンに❖

日本を出るときには、ヤマハのギターを持って行った。

ヤマハが最初のアコースティック・ギターを出したのが66年くらい。ヤマハのギターを開発するときに、僕と石川鷹彦と小室等と三人で、できた試作品を何回か弾きに行ったことがあった。石川も小室もギターや音にはすごくうるさくて、もちろんプレーヤとしてもあの頃のトップだったから、それで呼ばれたのだけれど、僕はただギターを何台か持っているだけで、あまり音にはこだわるほうではなかった。ただ、形にはこだわっていたから、それで呼ばれたのかもしれない。正直、ギター以上にすごくおいしいウナギが出るほうが楽しみだった……。

そういう事情があったから、いちばん最初に出たちょっと小さめのFG‐150というギターを二人でもらった。それを持ってアメリカに行ったわけだ。

たしかロサンゼルスでのことだったと思うけど、質屋さんにギターを見に行ったら、マーティンがあった。シングル0くらいのけっこう小さめのマーティンだ。あの頃はビートルズが出てきて、もうフォーク・ブームが終わりかけていたから、みんなフォークのギターを質に入れてエレキ・ギターを買っている時代だったのだ。

僕はその小さいマーティンがほしくなって、店の親父と交渉した。「知ってるだろ？　ヤマハっていうでっかい会社が作った新しいギターなんだ」と言って見せたら、「そんなの知らねぇ」って。「でも、これすごくいいから」

と説得して、いくらかお金を追加して交換してもらった。こんなことあんまり言うとヤマハに怒られちゃうかもしれないけれど。ともあれ、それが僕の最初のマーティンだった。

ニューヨークでもギターを何本も買った。ギブソンのスタイルOはどこで買ったんだっけな？　あれもニューヨークだったかもしれない。67年に3本くらい買って、そのあとアメリカに行くたびにちょこちょこ買って、何本も集めた。

いちばん古いのは1923年のマーティンだ。あとはあんまり名の知られていないウォッシュバーンだとか、シカゴのアンティーク屋で見つけたやつだとか。後にナッシュビルに行ったときには、GTRという今のグルーン・ギターの前身に当たる店で、すごく程度の良い53年の000-28を買った。いま持っていればひと財産だったんだろうけど……。そのときいっしょに行った石川鷹彦は、マーティンのティプルスや、ギブソンの丸穴のマンドリンなどを買っていた。

そんなわけで、一時期はギターをいっぱい持っていた。ギルドの12弦もあったな。この12弦ギターは、下の女の子が生まれるときにお金がなくて、徳武弘文に「誰か買ってくれないかな？」と言ったら、その話を聞いた長渕剛が買ってくれた。おかげであの子は生まれた。あと、ギブソンのスタイルOっていうマンドリンみたいな渦巻のついているギターは、ずいぶんお金を借りて返せなかったから、昔トリオレコードにいた人に譲った。その人は関西の誰かに売ったか、あげたかしたという。いまは誰が所有しているのやら。いま持っているギターは、ギブソンJ-200と、マーティンのD-41。41はすっごく安く買った。ちょっと難ありのギターだったのでね。

❖大きかったニューポートの経験❖

シカゴのあとに、グレイハウンドでやっとのことでニューポートまで行って、ニューポート・フォーク・フェスティ

1967 年のニューポート・フォーク・フェスティバルのパンフレット。当時現地で入手したもの。

バルを観た。そのときのプログラムもおふくろが取っておいてくれていたので、まだ手元にある。パスポートやレコードなんかといっしょに。

この年はもうアーロ・ガスリーの当たり年。「アリスのレストラン」が大ヒットしていたから、ニューポートでも爆発的にウケていた。

本当はバッファロー・スプリングフィールドも出るはずだったのだが、出なかった。メンバーが病気になったらしい。このときに彼らを観ていたら、その後の僕の人生がちょっと違ったんじゃないかとも思うけれど。ただあの頃は、彼らのことは知らなかった。あとからカタログを見返して、「へー、ほんとは出るはずだったんだ!」と驚いたのだった。

ジョニ・ミッチェルも観たし、レナード・コーエンも観た。どちらもレコードが出る前くらいだったんじゃないかと思う。

カーター・ファミリーの二人、マザー・メイベルとサラは二人とも観た。「500マイル」のヘディ・ウェストも観ている。マディ・ウォーターズはシカゴで観ているんだけど、彼も出ていた。あとは、ゴードン・ライトフット、ビル・モンロー……。このときのブルーグラス・ボーイズは、ローランド・ホワイトがギターを弾いていた。シスター・ロゼッタはすごかった。ゴスペルの歌手なのだが、エレキ・ギターをバリバリ弾いて歌うのだ。マール・トラヴィスもグランパ・ジョーンズといっしょに演奏していた。シッピー・ウォレスは黒人のブルース系シンガーで、彼女はジム・クエスキンといっしょにやったのを観た。ジム・クエスキン・ジャグ・バンドも観た。新メンバーのリチャード・グリーンのフィドルには驚いた。ニュー・ロスト・シティ・ランブラーズも出ていたし、あとは当然、ピート・シーガーも出ていたかな。ジョーン・バエズだとかジュディ・コリンズだとかも出ていた。

とにかく、あんなに大きなフェスというのはそれまで体験したことがなかったし、レコードでしか聴いたことのない人たち、レコードでも聴いたことのないような人たちをいっぱい観られたから、やはりニューポートの経験は大きかったと言える。

❖憧れのニューヨーク❖

ニューポートのあと、僕とサッチンはグレイハウンド・バスでニューヨークに行った。71年に出たサイモンとガーファンクルの「アメリカ」という曲を聴くと、いつもこのときのことを思い出す。ニュージャージー・ターンパイクは通らなかったけれど、まさに僕らはグレイハウンド・バスに乗ってアメリカを探しに行っていた。

憧れのニューヨークに着いて、ここでも65年のsing-out '65の仲間で、130丁目のアムステルダム・アベニューに住んでいたフォスター三姉妹の家に、しばらく居候させてもらった。130丁目というとハーレムの目抜き通りの125丁目から5ブロック上がったところだから、住人はほとんど黒人かプエルトリコ人。僕らの居候先のフォスター家も黒人一家。昔のハーレムのイメージとは違う高層マンションが彼らの家だった。フォスター家は、姉妹のベッドルームの一つを僕らに提供してくれた。

とにかく、僕はシカゴで稼いだお金を原因不明のアレルギー疾患の治療で使ってしまったので、お金がない。それですぐに仕事探しに出た。運良く、すぐに56丁目の都という日本レストランでキッチンのヘルパーを募集しているのを見つけて、そこで秋ごろから働き始めた。

僕らは朝早く出て夜遅く帰る日々だったから、フォスター家の人たちとは日曜日くらいしか話すことがなかった。だから日曜日は部屋の掃除や、鶏のばらしや、フォスター家の手伝いなどをして過ごした。とはいえ、着いたのが7月で夏だったから、海水浴に行ったり、ときどきはビレッジに三姉妹と僕とサッチンで飲みに行ったりもした。

僕は黒人ガールズ・グループが好きだったので、次女のヴァレリーといっしょに、アポロ・シアターにマーサとバンデラスを観に行ったこともあった。お客さんはほとんど黒人。でも僕ら日本人は有色人種ということもあってか、

雑誌『メンズクラブ』の1967年10月号にて、同フェスティバルの詳細がレポートされている。写真＆原稿は麻田によるもの。ピート・シーガーやマディ・ウォーターズ、マール・トラヴィスなど、錚々たる面子が出演していた。

みんな親しみを感じてくれていたようだ。ただフォスター家にいるときにピストルの音がしたり、近くで殺人事件があったりもしたので、「気をつけるに越したことはないな」とサッチンとも話していた。サッチンは黒人の若者に「お前は空手ができるか？」と言われて、空手の真似事をして逃げ帰ったという話も聞いた。

❖河内山さんのこと❖

ニューヨークでお世話になったフォスター家の友人に、河内山さん一家がいた。河内山家にも子供が多くいてフォスター家の子供たちとも仲が良かった。お母さんのゆりさんは日系2世の公民権運動家として知られていて、ある日僕とサッチンを夕食に招待してくれた。そして同じ日系人として何か困ったことがあったらいつでもいらっしゃいと言ってくれた。それからしばらくして、今度は河内山家で集会があるからというのでフォスター家の両親と子供たちといっしょに訪れた。前にも書いたように130丁目はハーレムの真ん中だから、ほとんどの住人は黒人やプエルトリコ人たちだったが、その日はどこから集まったのかすごい数の黒人で河内山家は溢れかえっていた。そこでは討論会のようなことが行なわれていて、最後にはシュプレヒコールで大いに盛り上がった。

河内山家の長男はビリーと言って、年齢は僕らとほとんどいっしょだった。ある時、ビリーが運転していたか乗っていたかした車がタクシーに追突されるという事故が起きた。ビリーは大怪我をして輸血が必要になった。同じ血液型だった僕は、輸血をしに病院まで行った。さらに輸血が必要だというので、次の週にもう一度行った。結果的にビリーは片足を切断して松葉杖の生活を余儀なくさせられた。退院したと聞いて彼を見舞いに行ったら、「君の血をもらったから僕もちょっとは日本人に近づけたかな」と言って笑っていた。

その後、ビリーの妹の子供もタクシーの事故で亡くなってしまった。それでもゆりさんは気丈にふるまっていた。いま思うと、あれはCIAの仕業ではないかと思えるくらい奇妙な事故だった。その何年かあとに、ビリーがフェリーから飛び込んで自殺したというニュースを聞いた。ゆりさんはマルコムXが銃弾に倒れたときに彼を抱き起こした写真で一躍有名になったけれど、そう言った幾多の困難にもめげずにあんなに気丈夫に振舞っている人を、僕は見たことがない。

あれはビリーの輸血の後すぐの日曜日の夕方だったと思う。フォスターのお父さんと話していたときだった。彼が話の中で「浩、我々有色人種は……」と言い出した時に、とっさに「なにっ?」て思ってしまった。えっ? 自分もその中に入るの?と。

僕もそれまで黒人音楽が好きで、ジェームス・ボールドウィンやリチャード・ライトらの小説も読んで黒人文化の良き理解者だと思っていた。そんな自分がそれを否定するようなことを考えてしまったことへの申し訳ない気持ちが頭の中を駆け巡り、その後何を話したかわからないくらい混乱してしまった。フォスター家の他の家族にも申し訳ない気持ちでいっぱいになり、僕はその後何日かはまともに彼らの顔を見られなかった。

フォスター家のお父さん、お母さん、三人の娘さんたちには本当にお世話になったけれど、そう長いこと居候はできないと思い始めた。たしかその年の暮れ頃に、レストランのキッチンで働いていた日本人の方の知り合いで、アパートを何部屋か持っている人がいると聞いて、そこに移ることにした。W88通りの5階にあるアパートだった。オーナーはずいぶん前にアメリカに来て、都レストランで働き、そのアパートの三部屋を買って、二部屋を貸して生活していた。「日本に帰りたいけど、身体が悪くてもう帰れないなあ」と言っていた。

サッチンも一時フォークロア・センターに居候していたけれど、アパートを見つけて、僕とは別の生活を始めた。

❖都レストランで働く❖

僕は56丁目の5番街と6番街の間にあった都レストランという老舗の日本レストランで、サッチンはほぼ同じ地区のベニハナで働くことになった。僕は最初はキッチンの手伝い。それからウェイターの人が辞めたのでウェイターになった。

都レストランはニューヨークで二番めに古い老舗の日本食レストランで、場所柄、お客さんはお金を持っているビジネスマンやアーティスト、ときたま有名人も来ていたようだ。だからチップがすごく良くて、当時の日本の大会社の部長クラスの収入があった。そのほとんどがチップだったけど。たぶんサッチンも同じようなことをやっていたから、かなりのチップをもらえていたと思う。

ウェイターで若者は僕だけで、あとはかなりお年を召した方たちだったので、テキパキと仕事をこなす僕にはどんどんお客さんが回ってきたのだ。ただ最初はカクテルの名前がわからず、わかるようになっても個人個人好みがあるので、それを覚えるのが大変だった。ほとんどのニューヨーカーは、昼間はブラッディマリー、夜はマティーニを飲むのだが、まずジンを何にするか。ビーフィーター、タンカレー、もしくはゴードンといった銘柄を選んで、次はドライかエクストラドライか、最後はオリーブにするかツイストレモンにするかということで注文が決まる。最後の頃には、ほとんどのカクテルを覚えていた。

仕事は10時頃から2時頃までがランチ。そのあと5時頃までは昼休み。その時間に、僕はほとんど毎日、近代美術館か市立図書館に通っていた。そこで映画を観たり、レコードを聴いたりという毎日だった。それ以外では時々マジソン街へ行って、ブルックス・ブラザースやロジャース・ピート、Jプレスなどの店を見て回ったりもした。

その年の暮れ頃にはお金も貯まってきたので、まず帰りの飛行機の切符を買って、そのあとはサム・グーディーズというレコード屋さんでカット盤の安いレコードを買った。あと、こちらは高かったけれど、ブルックスで三つ揃いのスーツとシャツ、プレーントゥの靴の一揃いも買った。Jプレスで紺のブレザーも買った。それから40丁目付近のポーン・ショップ（質屋）で古いマーティンを買った。たしか二百ドルくらいだった。

❖グリニッジ・ビレッジの日々❖

レストランの仕事はだいたい9時か10時くらいに終わるので、そのあとはほぼ毎日のようにグリニッジ・ビレッジに行っていた。

ケトル・オブ・フィッシュというバーがあってね。デイヴ・ヴァン・ロンクの映画『インサイド・ルーウィン・デイヴィス』にも出てくる店。すぐ横にガスライトっていうライブハウスがあって、いろんなフォーク・ミュージシャンが出入りしていて、デイヴ・ヴァン・ロンクも実際によく見かけた。日本レストランの仕事が終わると、そこに行ってビールを飲んで帰ったりしていた。

ジョン・ハモンドというブルース・シンガーは、ライブもよく観たけれど、ケトル・オブ・フィッシュで何回か話したこともあった。そのジョン・ハモンドに、「いままでいっしょにやったギタリストで誰がいちばんよかった?」と聴いたら、「いまイギリスにいるジミ・ヘンドリックスっていうのと、ディランといっしょにやってるロビー・ロバートソン、その二人だ」と言っていた。そのときは、僕は両方とも知らなかった。メモしてもらったのをあとになってから見て、やっと誰だかわかった。

『SING OUT!』のコラムを書いていたイージー・ヤングのフォークロア・センターにも、しょっちゅう行くようになった。ここは土日にコンサートをやっていて、ここでもジョニ・ミッチェルやティム・バックレーを観ている。アーティ・トラウムとエリック・カズともう一人くらいでやっているベアというグループも観た。フォークロア・センターは、普段はレコードや本がたくさん置いてあってほんとに狭い店なのだが、ライブをやるときだけそれを動かして椅子を並べるのだ。それでも二、三十人くらいしか入れないのだけれど。

最初に行ったときに「お金がない」って言ったら、イージー・ヤングが「手伝ってくれたらただで観せてやるよ」って言う。そんなわけで、ライブ当日にいろんなものをうしろに下げて、椅子を出すという作業をして、ただで観せてもらった。ディランがニューヨークに出てきたときにずっと居候していたのも、この店だった。フォークロア・センターには、しょっちゅういろんな人が来ていた。弦を買いに来たり、ギターを買いに来たり。楽器や楽譜やレコードも売っていたから。

それとは別にフレンズ・オブ・オールドタイム・ミュージックという組織もあって、それにはイージーやピート・シーガーも関わっていたのかな？　そういう人たちが南部だとかそういったところからアーティストを呼んで、コンサートを企画していた。やっとそういうムーブメントが始まった頃だったのだ。それまでは都会でそういうコンサートはやっていなかったから、レコードで聴くしかなかった。ドック・ワトソンを最初に連れてきたのもその連中だった。その企画で僕はゴスペルのグループを観た。会場は時によって違うのだが、僕が観たときは教会でやっていた。

❖ついにディランを観る❖

ニューポート・フォーク・フェスティバルが6月か7月だったから、ニューヨークには半年以上、ほぼ十ヵ月ほどいたことになる。その間にフィラデルフィアでもフォーク・フェスティバルがあって、それにも行った。このときはエリック・アンダーセンも出ていた。あとは「サンフランシスコ・ベイ・ブルース」のジェシー・フラー、スティーブ・ジレット、キャロリン・ヘスター、シカゴのジュニア・ウェルズ……。ここでまたニュー・ロスト・シティ・ランブラーズにも会って、「お前ここまで来たのか」みたいなことを言われた。ロサンゼルスで会ったのを覚えてくれていたのだ。残念ながら、すごく好きだったルーフトップ・シンガーズは観られなかった。出ていたはずなのに。たぶん僕が行くのが遅かったせいではないかと思う。着くのが一日遅れたから、それで観られなかったのではないか。それでもエリック・アンダーセンと初めて会って話もできた。その頃はフェスでもライブハウスでもまだ自由な雰囲気があって、誰でもすぐ話してくれたのだ。

1968年の4月には学校のこともあって日本に帰らなくてはいけなかったのだけれど、ずっと観たいと思っていたボブ・ディランをまだ観られていなかった。その時期のディランは、ちょうどオートバイの事故でずっとライブを休んでいたときだった。もうディランは観られないかと思っていたら、僕が行った67年にウディ・ガスリーが亡くなっていて、そのトリビュート・コンサートをカーネギー・ホールでやる、それにディランも出るという話を聞いた。

ところがチケットは即完売。ひとつにはディランの復帰後最初のコンサートだったからだろう。それと、トム・パクストン、オデッタ、ジュディ・コリンズほか、あの当時売れていたフォークの連中が全部出ることになっていた。それでも当日に行けばなんとかなるかと思って、カーネギー・ホールに行ったのだが、当日券を買いたい人がたくさんたむろしていて、まったくだめだった。ほとんどの人たちは諦めて帰ってしまったけれど、僕は諦めきれずに階段のところに座って、会場の音に耳を澄まして聴いていた。カーネギー・ホールは入り口が階段になっていて、かすかに中の音が聴こえてくるのだ。

そうしたら半分ぐらい終わった頃に、かなりのお歳の女の人が出てきて、「あなた聴きたいの?」と尋ねてくれた。「だけどチケットがないんです」、「じゃあ、あたしのあげるわ、聴いてらっしゃい」。そう言って、入り口の受付の人に事情を説明してくれた。おかげで最後の四分の一くらいは聴くことができた。それが生のディランを観た初体験。ザ・バンドがバックをやっていたのだけれど、まだ『ミュージック・フロム・ビッグ・ピンク』も出る前だし、その頃ザ・バンドの連中のことは全然知らなくて、あとからレコードを見て、あれがザ・バンドだったということを知った。それが68年の1月20日。帰るちょっと前のことだった。

二度目の渡米の中では、このディランを観られたことがいちばんの思い出だろうか。まあ、歌っているのは1曲くらいしか観られなかったのだけれど。あとは、イージー・ヤングのところで、デビュー前のジョニ・ミッチェルやシンガー・ソングライターのティム・バックレーを間近で観られたのもよかった。

この頃親しくなった人というと、やはりイージー・ヤングではないかな。ほんとうはこの頃にもっといろいろな人と親しくなっていればよかったのに、とは思う。まあ、フィラデルフィア・フォーク・フェスティバルで、エリック・アンダーセンにも会えたし……。

3

エントランス トムスへの道

❖黒澤明の助監督に❖

アメリカから日本へ帰ってきてみたら学園紛争真っ盛りで、単位が取れていなかった簿記もレポートを出せば卒業できるということになった。だから学校に行く必要がなくなった。どうしようかと思っていたら、黒澤明さんが久しぶりに『トラ・トラ・トラ！』という映画を撮るという。そこで息子の黒澤久雄に頼んで映画の仕事をやりたいと伝えてもらった。それに青柳哲郎さんというプロデューサーの人と知り合いだったのも、助けになったと思う。

昔は、黒澤の家でよく練習をしていた。クリスマスの日に、みんなでいっしょにニュー・クリスティ・ミンストレルズみたいなのをやろうと言って、僕たちＭＦＱと、黒澤たちのブロードサイド・フォーと、森山良子と、もう一人の女の子とで集まった。そのときの面白い話があって、僕らが練習していると黒澤の親父が向こうのほうで酒を飲んでいる。黒澤さんはウィスキーが好きでね。それもホワイトホースだったか、ブラック＆ホワイトだったかを、チビチビ……というかグイグイ飲んでいるわけ。そうして「お前とお前と代われ」と指図してくる。黒澤さんは見てくれの構図を気にして、「位置を代えなくちゃだめだよ」って言うのだ。そうすると息子の久雄が怒って、「オレたちパートごとに並んでるんだから、簡単に代えられないんだよ」って言ったりして。そんな風に、黒澤さんは僕らの練習をよく見ていた。

僕は家が横浜だったので、当時は夜遅くなって帰れなくなると、友達のところに泊めてもらっていた。だから黒澤のところにもよく泊めてもらった。黒澤邸は、あの頃は松原にあったと思う。ものすごく庭が広くて、大きなセントバーナードがいた。お袋さんは小股の切れ上がった江戸っ子みたいな人だった。ときどきチャーハンを作ってくれてね。ガーリック・チャーハン。ほかに具はあまり入ってないやつ。あとになって子供が生まれた時に、「見せに来なさい」と言われてホンダのステップバンで行ったことがあるんだけど、そうしたら「酒屋の車みたいなのに乗ってないで、もう父親なんだからもっといい車に乗りなさい」って怒られた。こっちはカッコいい車だと思って乗っていたのにな。

親父さんの事務所が六本木のほうにあった関係で、一度、二本榎にあった学校まで乗せてもらったこともある。黒澤家のジャガーに。だからまあ、黒澤監督のことも知っていることは知っていた。

おかげで雇ってもらえたものの、ポジションは七番めの助監督だった。助監督が七人いるんだから、ほんとに大作。20世紀フォックスの映画だったから、外国人もいた。

七番めの助監督としてやったことは、海軍の軍服のボタン付けなど。あとは当時のアメリカ大使だったジョセフ・グルーが乗っていたクルマ探し。これは車好きの僕にとっては嬉しい仕事だった、カーグラフィックの記事を書いていらっしゃった五十嵐平達さんを吉祥寺のお宅に訪ねて行って、その車の情報を教えてもらい、その車が明治大学の自動車部にあるということで借りに行ったりした。外国人のスタッフからは、「お前英語しゃべれるんだろ?」、「まあちょっとはしゃべれます」、「じゃあ」ってことで、彼らの雑用なんかもやらされた。

黒澤さんはやはり僕のことを気にしてくれていたのだろう。京都で撮影の始まる前の休みの日に、僕とチーフ助監督の大沢豊さんを呼んでステーキを食べさせてくれた。別の日には、その頃黒澤さんが集めていた根来《ねごろ》を見るために骨董屋へのお供もした。

ところがご存知のように、途中で黒澤監督は降板してしまったのだ。京都の太秦にはどれくらいいただろうか?助監督たちは撮影が始まるしばらく前から、渡月橋の先の翠嵐荘という旅館に泊まり込んで準備をしていた。撮影が始まってひと月くらいだったと思うけれど、監督解任ということになり、そこで助監督全員が辞めた。外国人のスタッフからは、「お前は英語ができるから残れ」と言われたけれど、上の人がみんな辞め、まして黒澤さんにお願いして入ったのに、一人だけ残るわけにもいかず、僕もいっしょに辞めた。

映画監督はすごくやりたい仕事ではあった。というのも、ニューヨークにいるときに勤めていた都レストランの

2丁目くらい南に行ったところがMOMA近代美術館で、ここの会員になると中で上映している映画が見放題だった。それで毎日のように映画を見ていたのだ。それこそ芸術映画みたいなのばかりではあったが、それで映画もいいなと思うようになった。言ってみれば総合芸術みたいなものだし、やってみたいなという思いはどこかにあったので、助監督をやっていたときには、「あ、これはチャンスかな?」と思っていた。

ただ、その『トラ・トラ・トラ!』のとき、外国人のスタッフに、「アメリカには、日本みたいに助監督を何年かやってから一本撮る、みたいな風潮はないんだ」、「助監督っていうのは助監督という職業なんだ」、「助監督は監督になんかならないんだ」と言われた。さらに「アメリカはお金さえあれば誰だって監督になれるんだよ」とも言われた。それはすごく印象に残っている。日本とは考え方が全然違うのだ。

❖テレビドラマに出演❖

黒澤さんの映画の仕事がだめになったあとは、勅使河原宏さんという『砂の女』を撮った監督さんの仕事をやった。勅使河原さんが、70年の大阪万博の映画、画面が三つあるマルチスクリーンの映画を撮るということだった。たぶん69年くらいのことだ。チーフ助監督は『トラ・トラ・トラ!』のときの大沢さんだったので、彼が誘ってくれた。このときも僕の仕事は助監督。今度は三番めか四番めくらいだった。マルチスクリーンをまたぐ映像など、この仕事は僕みたいな新人助監督にとってはとても面白いもので、得難い経験をした。たしか円谷プロから中野稔さん、高野宏一さんといった特撮のプロが参加されて、非常に興味深い映画作りを体験できた。

とは言え、当時は僕らみたいなぺーぺーに本編の仕事はなかなか回ってこなかった。テレビの仕事だと、助監督は照明も荷物持ちも兼ねているみたいな感じで、例えば農村のお産婆さんのドキュメンタリーとかがあると、監督とカメラマンと僕と三人で秋田まで撮りに行ったりとか、そういう仕事もやっていた。

ただ、その頃には映画産業が下り坂になってしまって、映画に関わるにはピンク映画を撮るか、コマーシャルをやるかくらいしかなくなってきた。それこそピンク映画をやっていれば、ちゃんと仕事はあったと思うのだが……。

僕らの世代の助監督で、いま監督になっている人はあんまりいない。映画好きの人にかぎって、みんな偉そうに「ピンク映画とかコマーシャルなんて映画じゃねーよ」と言って辞めちゃう人が多かったから。さっきも言ったように、日本だと助監督を何年かやってから、やっと一本撮れるという世界なので。

『トラ・トラ・トラ！』に関わっていた人の中では、チーフ助監督の大沢さんはその後に何本も撮っているし、セカンドの後藤俊夫さんも『マタギ』という映画で注目された。けれど、そのほかの助監督さんで本編を撮ったという話は聞いたことがない。たぶん三、四、五、六番めの方達は、みんな辞めちゃったんじゃないかな？　僕もテレビの仕事でロケについていくみたいな仕事はあったけれど、頭のどっかに「映画なんてお金があれば誰でもできるんだ」という気持ちが芽生えてしまっていた。

そんなときに、「また歌を歌わないか」っていう話も出てきた。１９７０年代の初め頃。狭山に引っ越した頃だったと思う。もしかしたら一石二鳥で、マイク真木みたいに売れたら映画が作れるかな、みたいなことを安易に考えた。一方、それとほぼ同じ頃に、テレビドラマに出る話も来た。

72年の6月頃だったかな？　今度は黒澤久雄がロード・ムービーを撮ると言い出した。『股旅ＵＳＡ』というタイトルで、ストーリーは若者三人がアメリカを横断していくという話。「お前、暇そうじゃん」みたいなことで、僕のところに黒澤から連絡があった。僕と渡辺篤史と篠ひろ子、その三人が車でロサンゼルスからずうっと移動して、ニューヨークまで行くのを撮るという。このドラマは、ＮＥＴ（現テレビ朝日）で、72年の10月から12週連続で放映された。だから撮影も72年のはずだ。

❖ジャクソン・ブラウンと出会う❖

この『股旅USA』の撮影の途中で、ジャクソン・ブラウンと出会った。映画の撮影でアメリカをずうっと回っていて、シカゴで一日オフの日が設けられた。その日のライブをいろいろ調べたら、ジャクソンがシカゴのクワイエット・ナイトという、いまはもうなくなってしまったライブハウスでライブをやるという情報を見つけた。ジャクソンはデビュー・アルバムも2枚めの『フォー・エヴリマン』も好きで、よく聴いていた。だから黒澤にも行こうと誘ったのだが、黒澤は翌日の打ち合わせがあって忙しいという。それで僕と渡辺篤史と篠ひろ子の三人で行った。そうしたら、ジャクソンがデヴィッド・リンドレーと二人で演奏していた。いちばん最後にスティーヴ・グッドマンが出てきて、みんなで「ジョニー・B・グッド」だったか「スイート・リトル・シックスティーン」だったか、チャック・ベリーの曲をやったのを覚えている。

ライブのあとにジャクソンと少し話をした。向こうは日本人が三人も自分のライブに、それもシカゴのライブハウスまで観に来ているのを不思議に思ったみたいで、「何で来てるの?」と聞くから、「いや、実はこれこれこうで、黒澤明の息子と……」

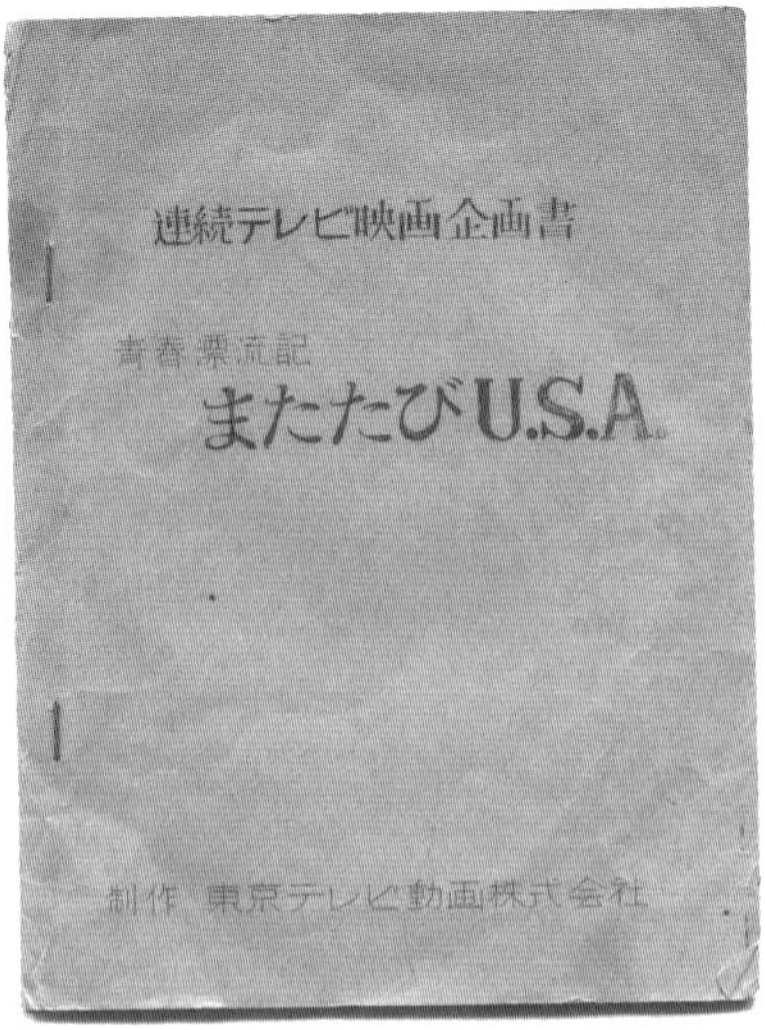

黒澤久雄によるテレビドラマ企画『青春漂流記 またたびU.S.A.』の台本。この時のアメリカ旅がきっかけで、デヴィッド・リンドレーやジャクソン・ブラウンと出会うことに。

と。そうしたら、ジャクソンも、リンドレーも黒澤明の大ファンだと言う。「オレたちは黒澤の映画をロサンゼルスにある Toho La Brea Theatre っていうところで必ず観てるんだ」って。それでけっこう話が盛り上がって、「オレたちホテルに帰るけどいっしょに来るか」と言われた。それはたぶん篠ひろ子が美人だったからかな。いま思えばジャクソンは美人好きだから、それで誘ってくれたんだと思う。

それからジャクソンたちの泊まっているモーテルみたいなところに行った。そこで僕が、たしか「ザ・バラッド・オブ・アイラ・ヘイズ」という歌を歌った。これはピーター・ラファージという人の曲でね。映画にもなった硫黄島の戦いで、旗を揚げている六人の兵士の有名な写真があるんだけど、そのうちの一人がアメリカン・インディアンで、帰ってきて英雄としてもてはやされて、でも最後は寂しく死んでしまうという……そういう実話にもとずいた歌。ピーター・ラファージは、本人もアメリカン・インディアンで、お父さんもけっこう有名な作家だった。

僕と会った一週間後くらいに、ジャクソンがフィラデルフィアのメインポイントというライブハウスでライブをやっているんだけど、「実はシカゴでこういうヤツに会って」とMCで僕の話をしていたみたい。「アイラ・ヘイズの歌をそいつが歌って」みたいなことを言って、「そいつは日本人だけどブーツを履いたカウボーイみたいなヤツで、ジャパニーズ・カウボーイがインディアンの歌を歌うのは変だよね」と言って笑いをとっていた。

その模様はブートレッグのライブ盤に収められているのだけど、そのジャケットには73年8月って書いてある。僕らは1972年の7月10日にサンフランシスコに入っているから、たぶん向こうが間違っていると思う。

実はこのCDのことは僕も全然知らなかった。十年くらい前にある知り合いの人から「これ麻田さんのことじゃない？」って言われて聴いたのが、そのブートだった。

ともあれ、それがジャクソンとリンドレーとの出会い。ジャクソンも当時はかなり小さいライブハウスでやっていたから——まあ、そのあとすごい売れたんだけど——日本でもこういう音楽で人が集められるんじゃないか、と思えたところはあった。ただ、そのときはまだ自分で呼び屋さんをやることになろうとは思いもよらなかったが。

❖ナッシュビルでレコーディング❖

この頃は、ほんとうにいろいろなことをやっていた。レコーディングしようという話が来た時期と『股旅USA』をやっていた時期はほとんど重なっていた。72年9月の録音だったから、同じ年に二回アメリカに行ったことになる。

レコード会社はCBSソニー。草野昌一さんというシンコー・ミュージックの社長さんがいて、草野さんのことは前から知っていたのだが、たしかそのときの原盤は、シンコーとソニーとそれからミュージカル・ステーションという事務所とで管理することになった。ミュージカル・ステーションの金子洋明というのが、前述した学生のフォーク・コンサートを昔にやっていて、その頃はマネージメントの仕事を始めていた。その金子からもう一度音楽をやらないかという話をもらったのだ。

「やるんだったらナッシュビルでレコーディングしたいんですけど」と言ったら、けっこう簡単にOKが出た。草野さんはナッシュビルの名誉市民でもあった。そういう事情もあって、えらく簡単にナッシュビル・レコーディングの話がまとまった。だから草野さんのおかげと言っていい。「できればニール・ヤングのこのレコードの面子でやりたい」と言って、『ハーヴェスト』のセッション・メンバーをリクエストした。あの当時、ディランとかエリック・アンダーセンといった人たちがみんなナッシュビルに行ってレコーディングをしていたので、自分でもそういう感じでやってみたかった。

ただ、向こうのミュージシャンのスケジュールが詰まっていて、ケニー・バトレー（ドラム）はOKだったものの、ペダル・スティールはウェルドン・ミリックがだめでピート・ドレイクになった。そのほかのメンバーは、ハーモニカがチャーリー・マッコイ、ベースはヘンリー・ストルツェレキ、キーボードはデヴィッド・ブリッグス。エリア・コード615のメンバーが多いけれど、目標はニール・ヤングのセッションの再現だった。

1972年9月には盟友・石川鷹彦（写真左）を連れて、ナッシュビル・レコーディングを敢行。ナッシュビルでバンド・スタイル録音をした最初の日本人だったと思われる。

幻の名盤『GREETINGS from NASHVILLE』。

ナッシュビル・レコーディングは、僕の前に森山良子がやっていた。でも、そちらはオケを使ったレコーディングだったみたいで、バンド・スタイルでやったのは僕らが最初と言ってもいいのではないかと思う。こちらは僕と石川鷹彦と二人で行った。

まず石川のアコースティック・ギターをバックに僕が歌う。それをミュージシャンが聴いていてコードを書き込んでいく。このコードは数字だった。このときに初めてナッシュビル・スタイルのナンバー・システム（数字のコード譜）を体験した。その後何回か全員で演奏して、誰がイントロ、誰が間奏という順番を決めて、すぐに録り始める。だから一曲が完成するのがすごく早い。まあ、ボーカルは後でダビングしたけれど。

アルバムの収録曲は、映画の仕事が終わったあとにけっこう時間があって、石川鷹彦の家によく遊びに行ったりしていたので、そこでデモ・テープっぽく録ったりしていたものが多い。それと谷川俊太郎さんの詩に曲をつけたものもある。英語の曲も書いたが、英語の詞は向こうでプロデューサーのドン・ガントに直してもらった。ジャケットは狭山の仲間のワークショップＭＵ!!に作ってもらった。ビジュアル的にはけっこういい線いっていたと思う。

❖ギタリストの系譜❖

レコーディングをしてからは歌う仕事に力を入れた。金子洋明のミュージカル・ステーションに所属して、ソニーもけっこう力を入れて押してくれた。最初のマネージャーはいまのＭＳエンタテインメントの社長の田中芳雄。その後、今野というマネージャーに代わった。彼は僕とせんだみつおを担当していた。

同じ事務所に本田路津子という歌手がいて、彼女のバックは森田公一とトップギャランが務めた。僕が本田路津子のオープニング・アクトをやって、何度もツアーに行った。ほとんどが労音のツアー。今のように新幹線や飛行機のない時代だったから、かなりゆったりとしたツアーだった。

僕はいつもギターを一人つけていた。最初は石川鷹彦で、二番めが安田裕美、三番めが吉川忠英、そのあとが笛吹利明。笛吹とはちょっとしかやらなかった。僕は自分の歌はいいかげんなのに、ギタリストにはすごくうるさい。たとえば石川には、「トム・ラッシュのレコードのブルース・ラングホーンみたいなのやってよ」なんて注文を出す。自分の歌はさておいてね。安田にはスライド・ギター。ジェシ・エド・デイヴィスのレコードを全部貸して、「こういうスライドをやれ」と言った。吉川には「ジョン・デンバーのバックをやっていたマイク・テイラー風に」みたいなことを言った記憶がある。とにかくギタリストにはうるさかった。でも結果的にみんなギタリストとして売れたから良かった。ちょっとは僕のわがままが役に立ったのかもしれない。

石川は、最初の頃はまだ会社員だった。彼は多摩美術大学を卒業しているのだが、石川と小室等は、多摩美で同級生だったのだ。石川は大学ではブルーグラス・バンドをやっていて、そのあと広告代理店かなんかに就職し、デザインの仕事をしていた。あの頃、僕はしょっちゅう石川の家に行っていた。そこには南正人もいたし、サッチンもいた。それと当時はまだ学生だったけれど、安田と押尾光一郎という二人のギター好きも来ていて、知り合いになった。

あるときニッポン放送で、『フォークビレッジ』という番組だったと思うのだが、その月のフィーチャリング・アーティストみたいな感じで僕を紹介してくれることになった。一人では心もとないので、このときに石川を連れていったところ、僕の歌はさておいて、「このギターいいね」という話になった。石川は、最初はまだアルバイトではあったけれど、半分レギュラーみたいな形でその番組に関わるようになった。それが、彼がデザイナーを辞めるきっかけとなったみたい。ちゃんとニッポン放送からお金をもらえたから。

始めは、スタジオに来るアーティストのアドバイザーみたいなことをやっていたようだ。岡本おさみさんという、のちに吉田拓郎の「襟裳岬」なんかを書くことになる作詞家の人が構成作家でいて、彼が詞のチェックやサジェッションなどをして、石川が演奏面でアドバイスしてという感じだった。

こうして石川がプロになり、僕は本田路津子の前座で、せんだみつおが司会をやった。そのあとはベッツィ&クリスというフォークのデュオがアメリカから来て、今度はその二人の司会兼前座。その頃はギターはもう安田だった。ベッツィとクリスのツアーにはバンドでも行った。木田高介がキーボードだったかな？　ベースは小室等といっしょにやっていたモクさんという人。パーカッションは林立夫。ギターは安田。そんなメンバーでツアーを回ったこともあった。

同じ時期に名古屋の東海ラジオで、もう名前を忘れてしまったけれど大阪のハーフの女の子と二人でＤＪもやった。ディレクターは塩瀬修充さんだった。

❖ツアマネの仕事を始める❖

その頃の僕は、映画関係というかテレビ関係の裏方仕事がくればやるし、音楽の仕事で演奏もするし、ライナーノーツも書くし、といった状況だった。主にキョードー東京だったけれど、司会兼ツアー・マネージャーみたいな仕事もやっていた。

外タレの仕事は、まず１９７０年頃に日本電波新聞が招聘とプロデュースをしたマイク&アリス・シーガーのツアーに関わった。このときは各地の労音を回った。日本電波新聞の高澤さんという方がツアー・マネージャーで、僕ら三人といっしょに回ってくれた。マイクはニュー・ロスト・シティ・ランブラーズのメンバーだったから、ロスで会って、そのあとフィラデルフィア・フォーク・フェスティバルとニューポートで再開していた。だからお互いに面識はあった。僕が日本人で日本から来ていたというのも知っていて、それで、彼がなにか言ってくれたみたいだ。「前に会ったこういうヤツがいるんだけども」って。

あの頃の労音のツアーは、何ヵ所も回るものだった。青函連絡船で北海道にも行って、函館の朝市で蟹を買って列車の中で食べたりもした。そしてコンサートが終わったあとに討論会みたいなものがあった。ミュージシャンはみんな嫌がるんだけど、それはもう労音の特徴だった。

マイク&アリス・シーガーは、たしか僕が言い出してニッポン放送でワークショップみたいなものもやった。たぶんああいう形のワークショップは、日本で初めてだったと思う。石川鷹彦宅にも行って、お母さんにお茶をたててもらったり、簡単なセッションもやったりして、マイクもアリス・シーガーもすごく喜んでくれたツアーだった。

そのあとにキョードーさんから仕事をもらうようになった。最初にやったのは、たぶんブラザーズ・フォーだったと思う。キョードー関係では、ブラザーズ・フォーだとか、ピーター・ポール&マリーのマリーさんだとか、バック・オーウェンスもやった。ツアー・マネージャーだから、来日ミュージシャンのツアーをいっさい仕切る。キョードーが作ったスケジュールに基づいてツアーを進行させるわけだ。京都に行ってアーティストに「どっか見たい」と言われたら、そこへ連れていったりもする。言ってみれば修学旅行の先生みたいなもの。ブラザーズ・フォーのときは、僕とメンバーが電車で移動して、いまはもう社長になっちゃったけれど、その頃はまだ入りたての山崎芳人君が車に楽器とプログラムなどの物販を入れて先乗りしたりしていた。

クリス・クリストファーソンとリタ・クーリッジが来日したときは、初日が中野サンプラザだったか、厚生年金だったのだけれど、クリス・クリストファーソンが「日本のお客さんは自分の言ってることを全然理解してないから帰る」みたいなことを言い出したらしい。その夜、当時のチーフ・マネージャーの中村さんから電話がかかってきて、「おい、麻田、お前明日からヒマかよ?」、「ああ、ヒマですよ」、「じゃあ明日の朝、上野駅の何番ホームに来い」。その次の日は、ワンステップ・フェスティバルだった。74年の8月に郡山で開催された大きなロック・フェスだ。

そこに行く間に、「クリスに日本人は歌詞をちゃんと理解してるんだというのを説明しろ」というわけだ。だから「日本ではレコードに歌詞カードが付いていて、そこに訳した歌詞も書いてあるから、ほとんどの日本人は歌詞の意味を理解している。日本人はシャイだからリアクションはそんなにないけども、ちゃんと歌詞は理解してるん

1970年頃からツアマネの仕事を始める。写真は、麻田（右）、マイク&アリス・シーガー、日本電波新聞の高澤氏（左）。

ツとも友達になった。ほかのメンバーは、ジェリー・マギーがギター、マイク・アトレーがキーボードで、ドラムがサミー・クリーソン……。だから半分ディキシー・フライヤーズのメンバーだ。クライテリアのスタジオ・ミュージシャンたち中心で結成されたあのバンドともこのときに知り合えた。

だよ」と説得して、そのツアーをずっとやることになった。そのときにバックのミュージシャンだったドニー・フリッ

❖自分でやるしかない!❖

キョードーの仕事をやっているときに、「最近シンガー・ソングライターってのがすごく僕らの間で人気があって、彼らはべつにバンド連れてくるわけじゃなくて、一人で歌って経費もかからないからやりましょうよ」と何回も言ったのだが、「お前、そんなものに人が入るわけないだろ」と返されるばかりだった。当時のキョードーはラブ・サウンズの時代で、もうでっかいコンサートばっかり。金銭的にどうだったかよくわからないけれど、大きな会場でばかりやっていた。大ホール規模のライブにしか興味がなくて、僕の提案を全然相手にしてくれなかった。

そのあと労音にも行った。あそこは黒人音楽をけっこうやっていたから、「ブルースをやりましょう」とブルース・フェスティバルの企画書を書いて持って行った。ところがこちらも全然だめ。労音はその頃だんだん会員も減ってきて、組織的にもあまりうまくいってなかったみたいで、余裕がなかったのだろう。

その帰りがけに、偶然、赤坂見附で中村とうようさんに会った。とうようさんのことは、フォークの時代の63年頃から知っていた。まだ、とうようさんがそれほど有名になる前で、ボブ・ディランのことをボブ・ダイランといっしょに呼んでいた頃からの仲だった。「おう、久しぶりだな。最近なにやってんの?」、「こういうことやりたいって、いろんなところ回ってるんだけど、なかなかいい返事もらえないんですよね」と返したら、「興行なんてリスクが多くて大変だから、ぜったいやめたほうがいいよ」と言われた。

その次の年に日比谷の野音でブルース・フェスティバルがあったのだが、監修が中村とうようとなっていたのは、「なにこれ?」と思う部分はあった。べつにアイデアを盗まれたわけじゃないんだろうけど。

でもそういうことがあって、あぁ、こういう音楽にもお客さんはいるんだなと思った。採算は取れるとも思った。特にシンガー・ソングライターは、バンドで来るわけじゃないし、オーケストラで来るわけでもないから。

それで、もうしょうがないから自分でやろうと思った。労音の仕事をやっていた日本電波新聞の高澤さんから話を聞いたりして、会社を作る準備をした。それでも最初はなかなか踏み出せなかった。興行をやるのが大変だというのはわかっていたから。その頃はお金を海外に簡単に持ち出せる時代ではなく、日銀に行って申請しないと米ドルをもらえなかったり、会社にお金がなければその許可も下りなかったり、法務省に招聘業務の許可をもらわなければいけなかったり、チケット代の税金の前払いも必要だったり……。とにかく一人ではとてもできない仕事で、とりあえず誰かを雇わなければいけないという現実的な問題もあった。

そんな風にいろいろと課題はあったけれど、それでもやろうと決めて、親父や友人のカメラマンの得能通弘さんたちにも出資してもらい、自分で貯めたお金と合わせて最低限の会社を作った。それがトムス・キャビン・プロダクションズだ。

4

クリアアップ　トムス始動

❖西海岸で観たDGQの衝撃❖

トムス・キャビンは、アメリカのシンガー・ソングライターを日本に呼ぶために作った会社だった。僕らの近くにいる人たちはみんなシンガー・ソングライターが好きだったし。ジャクソン・ブラウンにも向こうで会って、ジャクソンもあんな小さいライブハウスでやっているんだから、そういうところでやってもいいんだなと思ったし、そんなにギャラも高くないんだろうなとも思った。それでトムスを始めるに当たって、アメリカまでリサーチに行った。

ちょっと話が逸れるけれど、狭山に住んでいた最初の頃は、ギタリストの安田裕美と押尾光一郎と三人で暮らしていた。おっきい米軍ハウスだったから、一人ずつ別々の部屋に住んでいた。そこにいた押尾がものすごくギターが好きで、僕がミシシッピー・ジョン・ハートを聴かせたら、それにはまって、ジョン・ハートの曲だったら何でも弾けるようになった。その彼がアメリカに渡って、マッケイブスという楽器屋さんでギターのリペアマンをやり始めたのだ。それこそバーニー・レドンのギターも、ジャクソン・ブラウンやデヴィッド・リンドレーのギターも、彼が手入れをした。彼はアクションの調整がすごくうまくて、とくにドック・ワトソンがギターを預けたという話は、ロスですごく噂になった。ドック・ワトソンはぜったいギターを他人に預けないということで知られ、自分がいる前でしか作業をさせない人なのに、その彼が「押尾にギターを預けたらしいよ」というので、一躍有名になったらしい。

その押尾が働いていたマッケイブスは、毎週末にライブをやる。お店の裏に50人か60人くらいの広さの小さいライブ・スペースがあった。名だたるミュージシャンが、有名になる前に出ているような新人の登竜門のようなところで、そのブッキングをやっていたのがボビー・キンメルという男だった。彼は、以前はストーン・ポニーズというバンドでリンダ・ロンシュタットといっしょに演奏していて、業界に顔が広かった。そのボビーに相談したら、ずいぶん長いことマッケイブスでブッキングをやっていたから、そろそろほかの仕事もやりたいと言う。じゃあということで、うちのアメリカ代表みたいな形でブッキングをお願いすることになった。

「サンフランシスコに知っているミュージシャンがいっぱいいるから行ってみようよ」と言われて、二人で車をとばしてサンフランシスコへ。最初に行ったところがデヴィッド・グリスマンの家だった。そこでリハーサルしていたのがデヴィッド・グリスマン・クインテット（DGQ）で、トニー・ライスもいて、「こりゃあすげーや」と思った。ほんとはシンガー・ソングライターをやるつもりだったのに、これを聴いて心が変わった。やっぱりインパクトがすごかったから。いわゆるジャンゴ・ラインハルトみたいな音楽を生楽器でやっていて、みんなうまかった。後先考えずに最初はこれをやろうと即決めた。

ただ、まだレコードも出ていなかったから、正直彼らだけじゃ弱いなとも思った。ブルーグラスだったら、それまで東和プランニングが招聘していて、まあまあお客さんが入っていたから、ブルーグラスとくっつけたらどうだろう？と考えた。リチャード・グリーン（フィドル）とビル・キース（バンジョー）も入れて、1部ブルーグラス、2部ドーグ・ミュージックという感じ。だって、ドーグ・ミュージックなんて当時はまだ誰も知らなかったから。保険の意味でリチャード・グリーンとビル・キースも呼んだってわけ。

❖「ベアバック」編集部に居候❖

会社を作ったのはいいけれど、動けるのは僕一人。やはり最低でももう一人くらい手伝ってくれる人が欲しい。グリスマンをやると決めて日本に帰ってきてからの最初の仕事は、僕の下で働いてもらう人を探すことだった。

当時、僕らミュージカル・ステーション（MSエンタテインメント）関係のミュージシャンや社員がよくつるんでいたのが高田馬場にあったピープルというお店。MSの金子社長が見つけてきて、社員に運営を任せていた飲み屋で、ときどきライブもやっていた。そのライブのブッキングをしていたのが、当時高校を出たばかりの石栗正美という子だった。石栗はまだ若いのに、はっぴいえんど、メンタンピン、センチメンタル・シティ・ロマンス、イーストといったバンドをブッキングして、バンドのマネージャーや事務所の連中にもタメ口を聞くような、背の高い一見生意気そうな青年だった。ところが、話してみると意外にナイーブなところもあった。そこでトムス・キャビンをいっしょにやらないかと誘ったところ、興味を示してくれて、トムスの二人めのメンバーになった。

まだ事務所もなかったから、トムス・キャビンは中目黒の飯塚文夫さんの事務所に二人で居候する形で始まった。飯塚さんの事務所では、「ベアバック」という音楽&カルチャー雑誌の編集をしていて、そこで後にトムスのスタッフとなるアシュラ（伊藤あしゅら紅丸）にも会った。

ＤＧＱのポスターは、ワークショップＭＵ!!というデザイン事務所に頼んだ。ここには奥村靫正、中山泰、眞鍋立彦という三人のメンバーがいた。奥村はその後ＹＭＯ関係に行って、中山はずうっと大瀧詠一のナイアガラをやって、眞鍋はドゥファミリィという洋服屋さんに入ったのかな？　だからそれぞれみなさん良い仕事をして活躍しているのだけれど、狭山に最初に住んだのは彼らだった。１９７０年代の初め頃のことだ。

彼らは僕の女房（当時はガールフレンドでのちに結婚する）の友人だったから、「すごく広い家が安く借りられるから見においでよ」と言われて、狭山のハウスを見に行った。当時は関越もなかったから、所沢街道を走ってかなり時間がかかったけれど、着いてみるとすごくいいところだった。家賃が二万円くらいで、３ベッドルーム、リビングが14畳くらい。車も二台はゆうに止められる。そんな米軍ハウスがまだ空いてたから、すぐに契約して僕もそこに住み始めた。しばらくしたら、そこにギタリストの石川鷹彦の家で知り合った押尾と安田が来て、三人で住むようになった。

その頃のワークショップＭＵ!!の使いっ走りが、プラスチックスの立花ハジメ。あの頃はまだネットでデータ送信なんてないから、朝まで原稿ができるのを待って、原稿ができたらハジメが軽自動車で東京まで届けるという、そういうことをやっていた。

ミッキー・カーチスさんも彼らを使っていたし、キャロルの最初のアルバムもそうじゃないかな？　あとははっぴいえんど系は全部そう。細野君もそうだし。そんな彼らに、ＤＧＱのかっこいいポスターを作ってもらった。

❖ついに実現した初のコンサート❖

メディア関係のプロモーションは主に僕がやり、石栗はポスターやチラシを持ってお店回り、ほかにもポストカードを作って一生懸命みんなに送ったり、いろいろやった。

ブルーグラスやカントリー系の音楽雑誌も宣伝に協力してくれた。「ジューンアップル」誌は、編集部にたむろしていた若いスタッフが、いっしょにコンサートも仕切ってくれた。飯塚文雄さんの「ベアバック」誌にも記事を書いてもらった。飯塚さんはバイオリン弾きとしても知られ、ジミー時田さんのバンドでちょっとコメディアンっぽいパフォーマンスをしたり、テレビの『11ＰＭ』に出演したりしていた人だ。

底辺を固めるにはその二つの雑誌と「カントリー&ウェスタン」誌。そのほかシンコー・ミュージックの「ミュージック・ライフ」誌や、「ミュージック・マガジン」誌も、やはり若いスタッフを中心に応援してくれた。

こうして1976年5月6日、神田の共立講堂で、トムス・キャビンの記念すべき第一弾のコンサート「デヴィッド・グリスマン・クインテット・ウィズ・リチャード・グリーン&ビル・キース」を、無事開催することができた。

手持ちのお金がそんなになかったから、共立講堂の使用料などは飯塚さんに立て替えてもらった。当時はたしか三千円以上のチケット代には税金がついて、それも先払いなので、料金は三千円にした。それと当然ながらギャラも半額は前払い。そんなこんなで、プロモーション、金策、プログラムやTシャツ作り……それをほとんど石栗という学生上がりの若者と二人でやったから、そうとうきつかった。それでもブルーグラスのプレイヤーたちや、イ

デヴィッド・グリスマン・クインテット&リチャード・グリーン、ビル・キースご一行。羽田空港を飛び立つ出国前の記念ショット。

ラストレーターのアシュラらと知り合えたのは、その後の財産になった。

だからいま振り返ってみても、デヴィッド・グリスマンをやったのはよかったと思う。久保田麻琴も「麻田さん、あれやったのすごかったよね」と言ってくれたし。そういうふうに評価してくれた人は、けっこういたみたいだ。

そのあとエリック・アンダーセンやトム・ウェイツをやることになるのだが、そちらはいわゆるシンガー・ソングライターで、レコードもちゃんと出ていた。まったくレコードも出ていない状況で、なんであそこでDGQをやろうと思っちゃったのかとも思うけれど、初めにサンフランシスコで聴いたときに、とにかくぶっとんじゃったから。「こんな音楽があるんだ！」と本気で感激した。マリワナを吸っていたせいもあるかもしれないけれどね。

いま思えばずいぶん無理なことをやったけど、あれがトムス・キャビンの原点になったのだと思う。「そんなに売れてなくとも自分が良いと思ったアーティストのコンサートをやる」。まあ生意気なようだけど、そういう音楽を日本に紹介するというトムスの方針は、あのときに決まったんだと思う。

コンサートは無事に済んだが、バンドが全員帰ったあとにとんでもないことが起こった。ある朝、たぶん6時頃だったと思うが、家の玄関をノックする人がいたので誰だろうと思って出てみると、背広を着た男が数人立っていた。「こういうものですが、家宅捜索をさせてください」と言う。彼が出した手帳のようなものには、関東甲信越麻薬取締官何々というふうに書いてあり、ずかずかと家の中に入ってきた。彼らはあっけにとられている僕を尻目にどんどん奥へ入って、各部屋を調べ始めた。個人的には覚えのないことなので、するがままにさせておいた。

ひとしきり調べたあとに、一番偉そうな人が「実は麻田さん宛にこういうものが送られてきましてね」と言って、写真を見せてくれた。それは当時のオープンリールの箱にぎっしり入った草のようなものだった。「これわかりますよね？」と誘導尋問のように聞いてきたその人は、「マリワナ何グラムです」と言った。

これはデヴィッド・グリスマンの奥さんが、飯塚さんの事務所へ送ってきたものだったのだ。実はDGQはサンフランシスコでのリハーサル中にみんなでマリワナを回し飲みしてたのを知っていたから、彼らには「日本は麻薬にうるさい国だから絶対に持ってこないで欲しい」と言って、そのことは契約書にも書いておいたのに……。

夕方までかかって家中を隅から隅まで調べられたが、結局何も出てこなかったので、「これは任意ですが、中目黒にある事務所で聞き取り調査をするので来てほしい」と言って帰っていった。

一応、友人の弁護士さんに事情を話してどうすればよいか聞いて出頭した。都合二日間朝から夕方まで事務所で聞き取り調査をされた。その間飯塚さんの事務所にも捜索が入ったようだ。

ようは彼らは僕がマリワナの売人だと思い、僕のことを調べていたらしい。これは後で近くに住む照明の久利宏さんから聞いたのだが、よくわからない人たちが僕の家の周りをうろついていたらしい。結局、僕が何も行動を起こさなかったので、家宅捜索をして証拠を手に入れたかったようだ。

二日間にわたった取り調べは、僕が音楽関係者ということで、「誰々は知っていますか？　彼は麻薬をやっていますよね」と言った誘導尋問ばかりだった。

音楽関係者と言っても歌謡界やメジャーなロック界を知らない僕にとっては、「へーそうなんだ」という話ばかりで、答えようがなかった。二日間の取り調べのあと、彼らも僕が売人でなくミュージシャンが日本で使うために送ったという結論で捜査は終わった。さすがにこのときは僕もそうだけど、女房はわけがわからずオロオロしていた。でも、このことがあったから、それ以後はミュージシャンやマネージャーやエージェントにはきつく言うようになった。

❖トムス・キャビンの由来❖

うちの息子は「吐夢《とむ》」という。映画監督の内田吐夢さんが好きだったから、そう名付けた。これがトムス・キャビンの名前の由来。息子が生まれたときに、みなさんがお祝いをくれたから、そのお金でその頃住んでいた狭山の家に、子供部屋みたいなものを自分で作った。ジェイムス・テイラーが金づちを持っている写真を雑誌か何かで見て、自分でもやってみようという気になった。その子ども部屋に、「トムの小屋（Tom's Cabin）」と名付けて、看板を掘って取り付けた。それを会社の名前にしたわけ。アメリカの小説の『アンクル・トムズ・キャビン』とはなんの関係もないのだが、のちにその絡みでいろいろと言われた。とくに外国人のミュージシャンにはね。

僕が小屋を作ったあとに、小坂忠、洪栄龍といったうちの近くの友人たちが、みんなそういうのを作り出した。あの頃はみんなあんまり仕事もなかったから、お互いに手伝って、助け合いながらやっていた。

当時の狭山にはいろんな人がいた。前にも書いたとおり、いちばん最初に入ったのは、ワークショップMU!!の連中で、次に入ったのが僕。僕は、安田裕美と押尾光一郎の三人で住むようになった。押尾はそのあとロサンゼルスに行ってけっこう有名なリペアマンになり、津村昭さんというバンジョーのコレクターの楽器のメンテをやる人になった。安田は僕のギタリストをやり、僕のあとには井上陽水をやりだした。

それからもどんどん人が増えた。うちの横が洪栄龍で、もうちょっと先が細野晴臣で、その先が小坂忠。キーボードの岡田徹は、山の上のほうの家賃が高いきれいなうちに住んでいた。彼はあの頃もう売れていたのかな？ あとはギタリストの徳武弘文も。

細野君は、ティン・パン・アレーが売れ始めてもう東京との往復がたいへんだというので、比較的早くに奥さんの実家のほうに移っていった。小坂忠のバックをやっていた葡萄畑もよく狭山に来ていた。彼らの前に忠のバックをやっていたフォージョーハーフというバンドも、ひと部屋借りて住んでいた。でもキーボードの松任谷正隆だけは、必ず家に帰る。ほかの連中は泊まっていったのに。駒沢裕城と林立夫と後藤次利は、うちに飯食いに来たりしていたけれど、松任谷だけは必ず帰っていた。

❖幻となったセカンド・ソロ❖

あれは74年頃だっただろうか？　僕の2枚めのアルバムを作ろうという話になって、最初の4曲くらいはキャラメル・ママと録った。

そのあとは、うちの近くに住んでいたはちみつぱいのベースの和田博巳、ギターは徳武弘文、キーボードは岡田徹というメンバーで続きを録音した。ドラムは島村英二だったから、ドラムだけ東京から呼んで、近くの集会所でリハーサル。このメンツで、音響ハウスで7曲くらい録った。1曲だけアリちゃん(松田幸一)のハーモニカも入れた。こうしてある程度ベーシックなものは録ったのだが、レコード会社は自分たちのやりたいようにやらせてくれるという話だったのに、「それじゃ売れないからアレンジを変えよう」と言ってきたので、「もういいや」となってやめた。ちょっとマッスル・ショールズっぽい感じでやろうかと思っていたのだが、ソニーはもっとポップなフォークのような形で売りたかったみたいで、受け入れてもらえなかった。その音源は、のちのベスト盤に入っている。

キャラメル・ママとのセッションは、松任谷正隆がキーボード、林立夫がドラム、それに細野晴臣、鈴木茂の四人。4曲録って、そちらはほぼ完ぺき。

狭山バンドのセッションは、ボーカルも演奏といっしょに録った仮歌で、歌詞もあとで変えようと思っていた。楽器も足そうと思っていたのだが、それも結局できなかった……。そのあたりの話は、CDのライナーノーツに書いている。

ほんとうはいまでも完成形を作りたいと思っている。ボーカルを録り直して、もうちょっと音も足したい。でも、そうするとまたお金がかかるから……。ベーシックなトラックだけ録って、あとにオルガンだとかいろいろと加えようと思っていたけれど、それは叶わぬ夢になってしまった。

1974～75年に企画された幻の2ndアルバムのレコーディング現場にて。左から和田博巳、岡田徹、麻田、徳武弘文、島村英二という編成だ。

❖76年のトムス❖

話を76年のトムスに戻そう。76年5月のDGQに続いて、同じ年にエリック・アンダーセンとニュー・グラス・リバイバルも招聘した。

・エリック・アンダーセン（1976年9月）

もともとのトムスのアイデアは、シンガー・ソングライターをやろうということだったので、エリック・アンダーセンはその第一候補だった。当時『ブルー・リバー』もすごく売れていたし、エリックとは67年の二回めの渡米のときに、フィラデルフィア・フォーク・フェスティバルで会っていた。このあいだ亡くなったデビー・グリーンというきれいな奥さんもいっしょだった。

DGQは売り上げ的には厳しかったけれど、今までにない企画だったこともあって、トムスのその後を期待する声は高まっていた。この頃に飯塚さんの「ベアバック」の事務所を出て、これまた友人のビリー・バンバンの青山の事務所をシェアさせてもらい、山本さんという経理の女性に両方の事務所を見てもらう形になった。

エリック・アンダーセンは、弟と二人で来て交通費もかからなかったし、ギャラもまあまあだったし、ちゃんとお客さんも入って一息つけた。だから実質的にはこのエリック・アンダーセンがトムスらしい最初のツアーだったのではないだろうか？　だからお客さんも待ってましたという感じで、京都の拾得でやった外タレ初のライブハウス公演も、わざわざ東京からツアーを組んで観に来てくれた人がいたほどだった。それとCBSソニーも、当時最新アルバムを出していたアリスタ・レコード（当時は東芝）も、初のSSWのツアーということですごく協力してくれた。

またこの時からスタッフに駒井登が入り、僕の知らないイベンターやライブハウスを紹介してくれて、新しい呼び屋としてのトムスの体制を整えてくれた。駒井とは、彼がやっていた野外フェスにグリスマンのチラシを撒きに行ったときに知り合った。彼は、久保田麻琴の事務所の社長だったのを辞めてトムスに参加してくれた。僕はライナーノーツなどを書いていたからレコード会社の人たちは知っていたけれど、実際の興行関係の人はキョードー系の人たちしか知らなかったから、すごく助かった。

とはいえエリック・アンダーセンの頃は、お金の手配がものすごくたいへんだった。あの当時は外貨の持ち出しがすごくうるさくて、日銀に行ってちゃんと書類を出さなければいけなかったのだ。チケットにかかる税金を先に収めなくてはいけないのも、お金の余裕のない僕らとしてはけっこう厳しかった。事前にチケットにハンコを押してもらって、売れなかった分はあとでまた清算する。そのあたりの事情は駒井が詳しかったので、これもすごく助かった。

「ベアバック」の仕事をしていたイラストやデザインの伊藤アシュラは、ツアー・マネージャー兼イラストレーターとしてトムスをサポートしてくれた。アシュラはその人好きのするキャラでほとんどのアーティストに好かれたから、僕のような無口な人間にとってはこれまたすごく助かった。あとは、伊藤眞也がニュー・グラス・リバイバルの前に入社して、主にチケット関係の管理とプロモーションをやり、このあいだ亡くなった渡辺憲一がガイ・クラークの前に参加して主にプロモーションを担当してくれた。こうして企画：麻田、ブッキング：駒井、チケット：伊藤、プロモーション：渡辺、ツアー・マネージャー：アシュラという、トムスの基本形ができた。このメンバーは、そのまま事務所が終わるくらいまでみんないっしょにやってくれた。

・ニュー・グラス・リバイバル（1976年12月）

個人的に好きだった新しいブルーグラスみたいな音楽をやっていたのが、ニュー・グラス・リバイバル。マンドリン、フィドルのサム・ブッシュを中心に、バンジョーのコートニー・ジョンソン、ギター、ドブロのカーティス・バーチ。ベースが新メンバーのジョン・コーワンに変わって、サウンドが安定してきた頃だった。このツアーもDGQのときと同じようにブルーグラスの人たちが盛り上げてくれた。彼らは松本の富士弦楽器製造（現フジゲン）を訪問したりもした。当時は楽器メーカーがブルーグラス系の楽器に注目していた頃で、グレコ、ブルーベル、キャッツアイなど、いろいろな楽器をプレゼントされていた。そのときプレゼントされた楽器は、彼らのライブ・アルバム『トゥー・レイト・トゥ・ターン・バック・ナウ』の内ジャケットの写真で見ることができる。このツアーはのちのブルーグラス・ツアーのサンプルになるようなもので、新潟の楽器屋さんのアポロンや広島のブルーグラス愛好会のデビルスドリーム、あとは札幌といったブルーグラス好きの多い地方にも行けた。

❖地方公演のシステムを確立❖

77年は、まず1月にトム・ウェイツ。

トム・ウェイツは、ウェストコーストのシンガー・ソングライターで、当時はいまほどカルトっぽくなかった。いい歌を書くシンガーという印象だった。でも多くのアサイラムのシンガー・ソングライターたちと違って、ウェストコースト出身なのになぜかジャズっぽい。そのしわがれた声に加えて、ニューヨークの下町を思わせるサウンドが特徴のユニークなアーティストだった。

エリック・アンダーセンのときからそうだったけれど、僕がやったことでもし評価してもらえるとしたら、地方でのコンサートをたくさん開いたことだろう。それまでの外タレは、こんなに地方まで行ってなかったのだ。だいたい東名阪（東京・名古屋・大阪）で終わっていた。せいぜい福岡までだ。

トム・ウェイツのときで言えば、札幌道新ホール。これは、はちみつぱいを辞めた和田博巳が、ちょうどその頃札幌で和田珈琲店という店をやっていて、音楽好きのお店を10軒集めて、十店満店という組織を作ってくれた。たとえば百万円赤字が出ても、十組でやっていれば、一箇所十万円ですむという。まあ、そんなに赤字は出なかったはずだけれど、そういうやり方で地方の小さな会場でもやれた。

仙台は渡辺君という若者がやっていた City Boys Company という会社、名古屋はセンチメンタル・ファミリー、大阪は音楽舎。URCという日本のフォークのレコードを出したりツアーを組んだりしていた彼らも、数年して独自に外タレをやりだした。京都は京大の中にあった西部講堂、ここは学生の自治区で一般の人は借りられなかったから京大の芦屋坊主という組織にやってもらった。福岡はエリック・アンダーセンの時から毎回やってもらっている、くすミュージック。

岡山の岡山市民文化ホールは夢番地というところ。社長の善木くんが音楽好きだったので賛同してくれた。金沢には、もっきりやさんというお店があって、そこのやっぱり音楽好きの仲間が、ヤマハセンターという小さなホールを手配してくれた。横浜はのちにトムスの舞台監督をやるようになるミック井上の Free Music がやった。

実を言うと、僕は初めからそういう全国規模のツアーをやりたかったけれど、当時はその手の人脈はそんなに持っていなかった。久保田麻琴のマネージャーをやっていた駒井が、そういう地方の連中をよく知っていて、彼が「実はうちの社長がこういうことやりたいんだよ」と言って回ってくれたおかげで、みんなすごく乗ってくれた。いまはどうだか知らないけれど、昔のイベンターは音楽好きが多かった。……というか、音楽好きが高じて自分でプロモーターになったというような人が多かった。だからそういう意味で言うと、たとえばキョードーさんがやっていたラブ・サウンズのような規模とはまったく違うけれど、こうやって地方に外タレが行くようになったのは、地方の音楽好きがいたからではないだろうか。また音楽好きの集まりのトムスが主催したからできた部分もあったと思う。

なぜ地方に注目したかというと、地方にそういうミュージシャンを紹介したいという思いがあったのと、地方の友人たちもそういう音楽を聴きたがっていたこと。もう一つは、たとえば経費を割るにしても、東名阪三箇所で終わるよりも、こういう風にたくさんでやったほうが、一箇所の経費は少なくてすむ。たとえば飛行機代が百万円かかったって、十箇所でやれば一箇所十万円でいい。そういう目算もあった。僕は何度もアメリカに行っていたけど、小さい町にもライブハウスがあったし、そのライブにたくさんお客さんが集まっていたのを見ていたので、日本でもいけそうな気はしていた。

トム・ウェイツのときは、久保講堂のチケットもほぼ売り切れたし、どこもけっこう入った。やはりSSWの音楽がだんだん地方にも浸透してきていたのだろう。地方にはこちらからチラシを送って、宣伝は地方の人にお任せした。東京はみんなでチラシを撒きに行ったりもした。

❖酔いどれトムの真実❖

トム・ウェイツは四人で来た。マネージャーを入れて五人。サックス、ベース、ドラム、それから本人。本人はギターとピアノ。ロード・マネージャーはジョン・ホーシャといって、以前は自分でもバンドをやっていた人。

記者会見を、今も新宿通りにあるDUGというジャズをかけていた呑み屋さんでやった。司会はその当時まだそんなに忙しくなかった小林克也さん。入りきれないくらいの取材陣が来た。

トム・ウェイツはもう、ものすごい酔っ払いというイメージがあるけれど、実はほとんど飲まない。ステージの前にビールを持って待っていて、いよいよステージに出ようかというときにシャカシャカと振る。それから舞台に出てプシュッとやると、中身がビューーッと飛ぶわけ。それで本人は飲まない。演出家なんだ、すごく。

久保講堂の舞台袖で一服するトム・ウェイツ。

「酔いどれトム」とかいろいろとあだ名をつけられているけれど、打ち上げに行ってもほとんど飲まなかった。でも、札幌だけはみんなに飲まされていたな。札幌の打ち上げはもうすごくて、いまでも語り草になっている。屯田の館っていう店のお座敷でやったのだが、打ち上げなのに百人以上も来ちゃった。前述した十店満店の関係者がみんな集まったから。会費はちゃんと払ってもらってやった。そのあたりは和田博巳がよく覚えているはずだ。

トム・ウェイツのマネージャーは、ハーブ・コーエンという人だった。トムスのアメリカの代理人をやってくれたボビー・キンメルは、元ストーン・ポニーズのメンバーだったと言ったけれど、彼らのマネージャーもハーブ・コーエンだった。そういうつながりもあって呼べた。ハーブ・コーエンは、フランク・ザッパのマネージャーもやっていた。

コーエンは、あとでトム・ウェイツと大もめにもめて裁判沙汰になっていた。あれは二回めの来日のときかな？　二回めはパルコでやったから。パルコの渋谷西武劇場で五日連続の公演。サンケイスポーツに中山純子さんという女性記者の方がいて、「小さな呼び屋をやってるけど、なかなか協賛をつけてもらえない」と相談したら、当時のパルコの社長を紹介してくれた。それで特別に使用料金を安くしてもらった。普通にいくとものすごく高いお金を取られちゃうから。

そのときに、「トム・ウェイツ面白いからコマーシャルを撮ろうよ」という話になって、コマーシャルを作ったわけ。そのギャラをめぐって、あとでいろいろあったらしい。

パルコとはそのあとも、トーキング・ヘッズやB-52'sでコマーシャルを作ったりしたんじゃなかったかな？ あと、これは僕が呼んだアーティストじゃないけれど、ナイジェリアのキング・サニー・アデもコーディネートだけした。そのあたりは、そのときに知り合った女性のデザイナーで、世界的にすごく有名な石岡瑛子さんの仕事だ。スタートしたときには、シンガー・ソングライターなんて僕しかやっていなかったのに、トム・ウェイツなんかが入るようになると、それこそジャクソン・ブラウンとかマリア・マルダーとか、自分でもやりたいと思って話をしていた相手が、どんどんよそに取られてしまう。よその呼び屋は大きい会場でやって、たぶんギャラもすごくよかったんだと思うけれど。そういう中で生き延びていくには、パルコさんの協力は大きかった。

トム・ウェイツにはその後もオファーしたことがある。それこそ会場まで指定されたね。NHKホールか、有楽町の東京国際フォーラムかって。ホテルはパークハイアット。もう大スターになっていったから。でも、結局近年はトム自体がずっとライブをやっていないみたい。僕が最後に観たのは1999年のSXSW（サウス・バイ・サウス・ウェスト）にプロモーションのために来たとき。アメリカでも一回しかやらなかったんだけど、それを観て以来だから……。ライブをたくさんやっていたのは『ソードフィッシュ・トロンボーン』（1983年作品）の頃までかな？ そのあとはほんとにやっていない。

❖77年のトムス❖

1977年は、トム・ウェイツのほかにも、ガイ・クラーク、ジェフ&エイモス、マッド・エイカーズ、カントリー・ガゼット、ブルース・コバーン&マレー・マクローラン、ジェシ・コリン・ヤングなどをやった。この年はローリング・ココナツ・レビューにも関わったので、いろいろたいへんだった。

・ガイ・クラーク（1977年4月）

ガイ・クラークは、テキサス出身のシンガー・ソングライター。テキサス・アウトロー・カントリー派と言われていたけれど、ナッシュビルでも活躍していた。来日メンバーは、ダニー・ロウランド（ギター）、ピート・グラント（スティール・ギター）、チャーリー・バンディ（ベース）、クリス・レアード（ドラム）の四人。奥さんのスザンナもいっしょだった。

ガイ・クラークの公演は4月で、ローリング・ココナツ・レビューと重なってしまった。だからガイのツアーは伊藤アシュラに任せて、僕はローリング・ココナツのほうに専念した。

・ジェフ&エイモス（1977年5月）

ジェフ&エイモスは、日本ツアーのために組んでもらったユニットだった。

ジェフ・マルダーは、60年代にソロで出した最初のレコードの頃からずっと聴いていたし、もちろんジム・クエスキン・ジャグ・バンドの時期も聴いていた。ほんとうはジェフやエイモスも参加していたベター・デイズというバンドをやりたかったのだが、ものすごく高いと言われて断念した。まあ、メンバーを見れば、クリス・パーカー（ドラム）、ポール・バターフィールド（ボーカル、ハーモニカ）、ロニー・バロン（キーボード）、ビリー・リッチ（ベース）など、けっこう有名な人が入っていたからね。結局、ベター・デイズはだめで、代わりに二人だけ呼んだ。

彼らも最初はこのツアー限りのつもりだったのに、やってみたらすごくいい感じだったので、そのあと三年間続けたそうだ。アメリカとカナダを回ったみたい。それで、79年にもう一回来てもらった。

ジェフはクエスキンのバンドを辞めたあと、マリアといっしょにけっこういいアルバムを作って、その中にエイモスも入っていたりした。エイモスはもっとずっと前に、70年の大阪万博で観たことがあった。万博にカナダ館っていうのがあって、そのステージのためにグレイト・スペックルド・バードの一員として来ていたから。僕は何度か大阪まで行ったんだけど、一回は安田裕美と、一回は石川鷹彦といっしょに観に行った。安田が持っていたエヌサン（ホンダN360）っていう軽自動車で、夜中ずっと走って、昼間ぐらいに大阪に着いて、万博に入るという感じ。万博のショーは夕方から始まるから、カナダ館まで行って、始まるまで寝たりして時間を潰した。それを三回ぐらいやった。

バンドの母体となったイアンとシルビアが好きだったし、ちょうどアンペックスからアルバムを出したばかりでもあった。あんまりほかの人は持ってなかったけれど、僕はそのアルバムを持っていた。いわゆるカントリー・ロックの音。バディ・ケイジのペダル・スティールが入っていたけど、エイモスのことはそのときから「あ、すごいギタリストだな」と思って観ていた。とにかく、音だけを聴くとバディ・ケイジかエイモスかわかんないっていう。エイモスはバディ・ケイジのペダル・スティールのサウンドを、ギターで表現しようとしていたのだ。あと、彼はトロンボーンもやっていたから、トロンボーンのスライドの感じを出そうともしていた。

ジェフとエイモスは釣りが好きだというから、ツアー前に伊豆の土肥にあったワーナーレコードの海の家を紹介してもらって、伊豆に釣りに連れていったりもした。「フィッシング・ブルース」じゃないけどね。エイモスはすごくうまくて、魚を釣ってみんなでそれを食べた。カメラマンの桑本正士もいっしょで、伊豆の漁師町を歩く二人をカメラに収めていた。

ジェフ・マルダーは1980年代になって、しばらく引退していた。しばらくはコンピュータ関係の仕事をやっていたらしい。その後再会したときに「またやんない？」と誘って、それから何度も呼んでいる。

・マッド・エイカーズ（1977年6月）

マッド・エイカーズのメンバーは、ウッドストックにいた連中だった。メンツは、ハッピー&アーティーのトラウム兄弟、バンジョーのビル・キースとその相棒のジム・ルーニー、あとはギターのアーレン・ロス、元グリーン・ブライヤー・ボーイズのジョン・ヘラルド。みんないろいろ楽器を持ち換えてやっていた。セッション・ユニットっぽい感じではあったけれど、ほぼこのメンバー中心のレコードを出していたから。アルバムのタイトルをそのままバンド名にしてね。

京都では日本旅館に泊まった。スリーシスターズインというところに。彼らのほうから日本の旅館に泊まりたいというリクエストがあった。旅館って門限があったりするから、コンサート・ツアーで使うのはなかなか難しいんだけどね。

あとは京都の王将に行ったら、みんな「おいしいおいしい」と言って食べていた。餃子の王将がまだ東京に来ていない頃だったけれど。そんな感じで、普通のツアーの連中とはまったく違うざっくばらんな人たちだった。

・カントリー・ガゼット（1977年6月）

ウェストコーストのブルーグラス・バンド。初期の頃はクロスビー・スティルス・ナッシュ&ヤングを思わせるようなハーモニーが売りだったけれど、その後メンバーが変わって、日本に来たときは、バンジョーがアラン・マンデ、ベースがロジャー・ブッシュ、マンドリンがローランド・ホワイト……。当初の予定では元バーズのジーン・パーソンズも来るはずだったのだが、結局パーソンズは来られなくて、代わりのギターはビル・ブライソンになった。

ブルーグラス系は、日本のブルーグラス・プレーヤーの連中が、京都に行ったときにお寺に連れていってくれたりした。シンガー・ソングライターだと、レコード・ショップの連中が連れていってくれたりとか、いろいろ手伝ってもらった。

・ジェシ・コリン・ヤング(1977年11月)

ジェシ・コリン・ヤングは、外タレで初めての学園祭出演というのをやった。あの頃、ウェストコースト・サウンドがけっこう人気で、とくに関西はフェスティバル・ホールがほぼ満杯になるくらい。だからツアーをやると発表したときに、早稲田大学の広告研究会とかいうところの子が来て、「学園祭で外タレをやりたいと思う」って言われた。アイデアとして面白いし誰もやったことがなかったから、僕も「ぜったいやろうよ」って返した。

このイベントは記者会見もやり、新聞にも大きく取り上げられた。ジェシ・コリン・ヤングが早稲田の角帽をかぶっているポスターがよかった。Tシャツもヤングだから「若」という漢字を大きく入れたのを作った。漢字が入ったTシャツはあれが最初だったんじゃないかな?

大隈講堂に特設ステージを作ってやったのだけれど、費用を安く上げるために駒井の知っている材木屋から材木を安く売ってもらい、トラックまで借りて学生たちと徹夜で作業した。終わったら大隈講堂が満杯。学生用にチケット代を安くしたのが良かった。たぶん普段洋楽を聴いたことのない学生がたくさん来てくれたのだと思う。あの年、同じく日大が武道館で初の学園祭をやったのだが、あちらはチケットが売れずに中止になった。新聞に「早稲田成功日大失敗」という記事が出たのを覚えている。

・エディ・テイラー（1977年12月）

グリスマンでスタートして、基本的にシンガー・ソングライターとブルーグラス系ばかりだったから、そろそろブルースのミュージシャンもいいんじゃないかと思っていた。最初は当時注目されていた新しいタイプのブルース・シンガーのフェントン・ロビンソンをやろうとしたのだ。ところがフェントンが執行猶予中だとかでビザが下りなくて、来られなくなった。交通事故で有罪になっていたみたいで、まだ執行猶予が明けていなかったらしいのだが、それを僕らは聞いてなかった。それで急遽エディ・テイラーを呼んだ。サイドマンとしても評価の高い渋めのブルース・ギタリストでね。バックのメンバーは、ギターとブルース・ハープがルイス・マイヤーズ、ベースがデイブ・マイヤーズ、ドラムがオディー・ペインだった。この頃からトリオ・レコードにいた中江昌彦の推薦で、デルマーク・レコードのスティーブ・トマシェフスキーにアーティストの紹介を頼んでいたので、すぐに代替えアーティストが見つかって助かった。福岡ではサンハウスの鮎川誠が彼をリスペクトしてた関係で、アンプを借りた。

❖ホームグラウンドとなった久保講堂❖

虎ノ門にあった久保講堂は、僕らのホームグラウンドだった。それまで久保講堂で音楽のライブはほとんどやってなくて、ましてや外タレをやったことはなかったらしい。おおかたは映画の試写会とか講演会とか、そういうのばかりだったみたい。だから、最初はホールの人にすごく心配された。でもそのあと、ウドーさんやキョードーさんも使うようになったからね。たしかマリア・マルダーも久保講堂だったんじゃないかな？ ライ・クーダーも最初はそうかな？ ちょうど千人くらいの収容人数で、僕らにとってはキャパ的にすごくよかった。僕らが扱っていたのは、中野サンプラザみたいな二千三百人とか二千五百人とかの小屋でできるアーティストじゃないから。

ＰＡシステムは、最初からいくつかの会社に頼んでいた。ブルーグラスは、ミュージカル・ステーション関係のオープンロードというところとか、ヒビノ音響にいた佐藤さんという人が始めたＮ＆Ｎという小さい会社とか。それからアコースティックＰＡサービス。大きいＰＡ屋さんじゃなくて、独立系の小さいところにお願いしていた。照明は同じ狭山に住んでいた久利さんにやってもらった。照明スタッフもほとんどフリーの照明屋さんだった。

移動手段は基本的に電車。ＰＡも照明も基本的には現地調達。東京からは照明二人、ＰＡ二人と、僕ともう一人。当時はもう新幹線か飛行機も利用していた。駅とか飛行場に着くと、地元の若者がみんなが迎えに来てくれる。車を持っている人が貸してくれた。場所によっては軽自動車だったりね。キョードーなどのツアーだと、駅や飛行場に着くと黒塗りのハイヤーが迎えに来るわけだから、大きな違いだ。

ともあれ、少人数でやっていたから忙しかった。みんないろいろなことをやらなければいけなかったから。その代わり、打ち上げは全員参加。アーティストもスタッフも地元のスタッフも、同じ店で飲み食いをした。だからスタッフも慣れない英語でコミュニケーションをとっていた。

チケットはレコード屋さんや飲み屋さんにも置いてもらった。レコード屋さんはもちろんだけれど、飲み屋さんのオーナーにも音楽好きな人が多くて、お客さんにも勧めてくれたし、自分でもコンサートを観に来てくれた。もちろんプレイガイドにも置いてもらったけれど、レコード屋や飲み屋、喫茶店などにチケットを置いてもらった呼び屋はそれまでなかったと思う。お店の人たちもお客さんに勧めてくれて確実に売れるというね。

ほとんどが東京のレコード屋さんやお店だった。たとえば、新宿レコードやＬＡ、吉祥寺のジョージアと芽瑠璃堂、青山のパイドパイパーハウス、渋谷のシスコ・レコード、横浜のスミヤ、地方では札幌のディスク・アップ、福岡のビッグ・ピンク、お店では渋谷のブラック・ホーク、東中神のかぼっちょ、など。そういったお店とビジネスができたのはありがたかった。大手のスポンサーは全日空、シーベルヘグナー、ギターのヤマハ、VANジャケット、レコード会社だとトリオ、コロムビア、RCA、東芝、ソニーなどがプログラムに広告を入れてくれたりTシャツを安く作ってくれたりした。

あと、これはいつ頃だったか忘れてしまったけど、JTBがコンピューターを導入したという噂を聞いて、トムスのチケットも扱ってほしいと直談判しに行ったことがあった。サンフランシスコでフィルモアなどを設立したビル・グラハムの会社でそういうことをやっていたから、行けるかな?と思ったけどダメだった。やっていれば彼らにとっても大きなビジネスになったのに……。

❖トムスのプログラム❖

トムスで制作していたプログラムは、音楽好きの人たちには好評だったけれど、カラー写真が少ないと言って怒る人たちもいた。コンピューターがない時代だから、バイオグラフィやディスコグラフィなどの原稿を書いて写植屋さんに送り、それを印刷屋さんに頼むという感じで、けっこうな労力をかけて作っていたのに。実はカラー写真をいっぱい入れるほうが手間がかからないのに、そういうことをわかってもらえないお客さんもいた。

最初の3公演の表紙とロゴはワークショップMU!!の真鍋立彦によるもの。中に入っているイラストは及川正道、八木康夫、ジェフとエイモスはアメリカのシンガー・ソングライターで画家のエリック・ヴォン・シュミット、ソウル系は湯村輝彦、永井博、矢吹申彦などにお願いしている。原稿の執筆も、中村とうよう、島田耕、小倉エージ、中川五郎、鈴木カツ、長門芳郎、といったすごい方たちにやってもらっていた。

また、トム・ウエイツの頃から表紙をパロディものにした。トムは「LIFE」のパロディだったけど、表紙の字を「LIFE」でなく「LIVE」にした。これは僕もすごく気に入っていて、トムに見せたら俺も「LIFE」の表紙になったかと笑っていた。ただ、どこで見つけたのか「LIFE」マガジンの日本支社から連絡があって、今回は良いけど次回からはやめてほしいと言われた。

このパロディ・シリーズはそれに懲りず、ジェシ・コリンズ・ヤングは「TIME」マガジン、ガイ・クラークは「City」というサンフランシスコの雑誌、ジェフとエイモスは「ナショナル・ランプーン」紙、マッド・エイカーズは「MAD」マガジン、ブルース・コバーンとマレイ・マクロクランは1940年代のシアーズ・ローバックのカタログ、レヴォン・ヘルムは少女雑誌「りぼん」という具合に随分とやった。

特にレヴォン・ヘルムとRCOオールスータズは豪華付録付きで、レヴォンとバンドの歴史の小雑誌と昔の紙相撲風に各メンバーの顔としこ名を印刷したものまで作った。

ご覧の通り、プログラムはパロディものを作ることが多かった。詳しくはP177～を参照。

5

バイパス
ローリング・ココナツ・レビュー

❖反捕鯨のコンサートをやりたい❖

ローリング・ココナツ・レビューのそもそもの始まりは、パイドパイパーハウスという青山にあったレコードショップ。岩永正敏がやっていたお店で、トムスのチケットも置いてもらっていたりしていた。その岩永のところに、グリーンピースだったと思うけれど、外国の環境保護団体の人が来て、反捕鯨のコンサートをやろうという話になった。だったらミュージシャンを招聘しなくちゃいけないというので、トムスに声がかかったわけ。それで僕もドルフィン・プロジェクト・ジャパン・コンサート・コミッティという組織に入って、お手伝いをするようになった。

そういえば、エリック・アンダーセンはこの頃ドルフィン・プロジェクトに深く関わっていたみたいで、76年の9月にトムスでツアーをやったときに、たまたまリック・オフェルドマンという環境保護運動家がグリーンピースといっしょに日本に来ていて、エリック・アンダーセンに会いに来た。その場で反捕鯨のコンサートをやる話になったようだ。そういう意味では、これが最初のきっかけだったとも言えるだろう。リック・オフェルドマンは、その後ドルフィン・プロジェクトの会長になった。

僕らとしてはね、言い方としては変だけれども、クジラを食べるという食文化は昔から日本にあるので、そういうことも踏まえてやりたかった。最初から、「クジラを殺しちゃいけない」と頭ごなしに言うんじゃなくて、もうちょっと深く考えようよという気持ちはあった。

だから僕らとしては、環境保護をメインのテーマにしたかった。日本は島国で、海に囲まれていて、周りの環境も含めてちゃんと考えていかないといけない。いまでは、反対にクジラを捕らないから小さな魚が捕れなくなったりとか、そういうデータも出てきているくらいだから。だから僕らも、そういうことはけっこうアメリカ側に言った。向こうは、たとえばドルフィン・プロジェクトなどは、「イルカやクジラを殺すな」という主張なので、なかなか噛み合わなかったけれど。

いまでも思うけれど、生態系は昔からちゃんとあったから。ひとつの種が増えすぎたり減りすぎたりすると、バランスがくずれてしまうわけだ。そういうことは外国人だってわかっているんだろうけど、あんな風に感情のままに言っちゃう。僕らは宇井純先生っていう東大の環境工学の先生にも話を聞いたりしていたから、そういう意味では僕らのほうがわりと冷静に見ていたような気がする。

最初は岩永から「招聘しなくちゃいけないから、ちょっと手伝ってよ」と言われて始めた。ただ、いろいろ調べていくにつれて、「クジラを捕っちゃやだめだよ、クジラは頭がいいんだから」というような、そんな単純な問題ではないだろうと思うようになった。

❖三日間にわたる大イベントに❖

最終的には、あんなに大規模なイベントになってしまったけれど、会場を晴海の貿易センターにしようというのは、わりと早い段階で決まっていた。だから僕は向こうに行って、ジャクソン・ブラウンに頼んだりした。泉谷しげるとも一度いっしょにアメリカに行った。

コンサートは77年4月の三日間。大赤字だったね。出演者は基本的にボランティアだったので、その他の費用……具体的には飛行機代、会場費、PA費、照明、宿泊・滞在費などにお金がかかったということだけれど。

来日メンバーは、ジャクソン・ブラウンも来たし、J・D・サウザーも来たし、ウォーレン・ジヴォンも来た。ウォーレンが日本に来たのはこのときだけ。人選は僕が一人でやったわけじゃなくて、向こうの連中と相談して、こういう人を呼ぼうと決めた。ほんとうはジョニ・ミッチェルとか、クロスビー・スティルス&ナッシュとかの案も出したんだけど、それは通らなくて、結局あそこに落ち着いた。ライ・クーダー、ジョーン・バエズ、ピート・シーガーといった人たちにも招待状は送ったけれど、残念ながらスケジュールが合わなくて来られなかった。

初日のトリのローリング・ココナツ・レビュー・バンドは、この日のためのセッション・ユニットで、「うわさの男」のフレッド・ニールを中心に、ジョン・セバスチャンやピーター・チャイルズも参加した。

ジョン・セバスチャンは、三日間ともステージに立つ活躍だった。彼は前年の12月に新宿で開いた記者会見にも来てくれたし、ずいぶん熱心に関わってくれた。

二日めはジャクソン・ブラウンやJ・D・サウザーといったウェストコーストのミュージシャンたちの日。お客さんはこの日がいちばん入ったかな？　最後のジャクソンのステージでは、デヴィッド・リンドレーはもちろんのこと、ウォーレン・ジヴォン、J・D・サウザー、ワディ・ワクテル、ジョン・セバスチャンなども共演していた。

三日めのピーター・ローワン・バンドは、ブルーグラスのセッション・ユニットで、ピーター・ローワン（マンドラ）、ダン・クレアリー（ギター）、ジョン・ヒックマン（バンジョー）、リチャード・グリーン（フィドル）という顔ぶれだった。ピーター・ローワンもこのときが初来日。この翌年には、レッド・ホット・ピッカーズやリチャード・グリーンをバックにした本格的な日本ツアーをやった。

大トリのスタッフは、エリック・ゲイルとスティーブ・ガッドが来られなくて、ゴードン・エドワーズ（ベース）、コーネル・デュプリー（ギター）、リチャード・ティー（キーボード）、クリストファー・パーカー（ドラム）の四人だけになってしまったけれど、とてもよい演奏だった。

この日は時間が押して、終わったのは午前1時過ぎ。一流スタジオ・ミュージシャンの集合体だったスタッフは、トムスで単独ツアーをやりたいと思っていたのだが、千葉さんというユニバーサルの人が、僕らが忙しくててんてこ舞いしている間にスタッフに会いに行ってね。「次やるときは僕らがやりますから」と言われちゃった。僕らはそんなことやっている暇がなかったから。それでユニバーサルは大もうけしたんだよ。ちょうどスタッフのようなフュージョン系の音楽が人気になってきた頃だったから。

〈メイン・コンサート出演者一覧〉

1977年4月8日　オープニング・ショウ

ボブ・イングラム&ドルフィン・プロジェクト・バンド
エストレラ
オデッタ
エリック・アンダーセン
リッチー・ヘブンス
岡林信康
泉谷しげる&ストリート・ファイティング・メン
ジョン・セバスチャン
ローリング・ココナツ・レビュー・バンド

4月9日　L・A・セッション

テリー・リード
ウォーレン・ジヴォン
ダニー・オキーフ
イルカ

J・D・サウザー
ジャクソン・ブラウン

4月10日　モーニング・ジャム

中川五郎
豊田勇造
ミミ・ファリーニャ
カントリー・ジョー・マクドナルド
テリー・リード
南佳孝とブレッド&バター
ポール・ウィンター・コンソート

同日　ファイナル・ショウ

ヴィンス・マーティン
ラストショウ
スティーヴ・ジレット
ピーター・ローワン・バンド
ジョン・セバスチャン

ルイジアナ・レッド
久保田麻琴と夕焼け楽団 ｗｉｔｈ 細野晴臣
上田正樹
ロニー・マック
スタッフ

❖祭りの後始末❖

ローリング・ココナツ・レビューの赤字は、僕らが背負った。代表だった浜野サトルや、岩永正敏と僕と伊藤明夫はじめ最終的には十人程度が残った。

だから僕らはしばらく、毎月十万円くらいずつ返していた。ほんとうはベネフィット・コンサートだったから、収益を上げなきゃいけなかったはずなのに、反対に赤字になってしまった。初めは宇井先生の東大の自主講座に寄付しようと思っていたのに、それどころではなくなった。ベネフィット・コンサートとしては日本で最初のでかいコンサートだったわけだが……。

宇井先生は、そのあと沖縄に行って、もうお亡くなりになってしまった。そのあたりの事情はパイドパイパーをやってい

た岩永がいちばんよく知っていて、本にしているので（『輸入レコード商売往来』晶文社）、参照してみてほしい。

いま振り返ってみると、まあ、こんなこと言ってはいけないのかもしれないけれど、いい経験ではあったかなと思う。ベネフィット・コンサートというのは、ほんとうはお金をちゃんとプールして、どっかに寄付するためにやるわけなのに、それが反対に赤字になってしまったというのは、すごく勉強になった。……なんて言うと偉そうだけれど。

プログラムの構成や、時間が押して電車がなくなったというような問題は、みんな一生懸命やっていたので勘弁してください。出演者からの不満の声は、そんなに出なかったと思う。僕らはほんとにもう、忙しくてたいへんで。僕は舞台の袖にいて、「次誰だよ、次誰だよ」という進行を担当していたから、まあ比較的ステージを観られたけれど、観られなかった関係者もいっぱいいたんじゃないかと思う。

アクシデントと言えば、ポール・ウィンターがビザを持って来なかったのには、けっこうあたふたさせられた。それで羽田の出入国管理局に呼ばれて、始末書を書かされた……。でも始末書ですんでよかった。ほんとうは、たぶん香港かどこかに行って、そこでビザを取って戻ってこなければいけなかったはずなので。

でもね、こんなたいへんなこと、その当時の若い子たちがやっていたわけ。みんな三十歳ちょっとすぎくらいだったはず。そのわりにはよくできたと言えば、よくできたほうだったんじゃないかな。

❖ようやくCD化されるライブ音源❖

実は、このときの音源が四十年たってようやくCD化されることになって、僕もこれに関わった。もう契約をまとめるのがたいへんで……。すでに亡くなっている方も多かったし。ロニー・マックなんか奥さんが三人いて、その三人の子どもそれぞれが権利を主張していてもめているとかね。

テープは、一応コンサートの間ずっと回していた。ただ二日めのジャクソンたちのところは録らせてくれなかった。アサイラムの連中は全部ダメ。だからジャクソン、J・D・サウザーや、ウォーレン・ジヴォンの演奏は録っていない。

映像も撮ってはいたのだが、それを整理するお金もなくて、ずっとほっぽりっぱなしにしていたら劣化してしまった。写真は、たとえば大塚努や井出情児だとか、桑本正士だとか、半沢克夫だとか、そういう人たちが撮ってくれていたけれど、ビデオはあの当時のまだ性能のよくないビデオで、物理的に条件が悪い中、学生に撮らせたりしていて、デキはそんなによくなかった。

ココナツ・レビューのライブ盤は、CDボックスで14枚組。三日間で20時間以上ある演奏を編集したもの。演奏はみんなすごくいいと思う。ジョン・セバスチャンなんかはとくにいい。

フェスっぽいことをやったのは、ローリング・ココナツが初めてだった。それはもう、単独で呼ぶときとは全然違った。トムスのコンサートは、うちのスタッフだけでやっているのに対して、こちらはみんなそれぞれ違うところから来ているから、みんなをまとめるのがたいへんだった。でも、もうやりたくないっていう気にはならなかった。フェスは大好きなので、また機会があればやりたいと思っている。

14枚組のボックスセット『ローリング・ココナツ・レビュー・ジャパン・コンサート1977』（ディスク・ユニオン）が発売中。日米ほか30組、約80人のミュージシャンが無償で出演し、3日間で延べ15,000人の観客が参加した日本で初めてのベネフィット・コンサートだった。

6

クラッシュ 倒産

❖78年前半のトムス❖

78年の前半は、デヴィッド・ブロムバーグ・バンド、フライング・ブリトー・ブラザーズ、レヴォン・ヘルム&RCOオールスターズなど、ルーツ系のロック・バンドが多かった。パンク／ニュー・ウェーブ系のバンドを招聘するようになったのもこの年から。トム・ウェイツの二回めはそんなに入らなかった。エリック・アンダーセンの二回めもたいへん厳しい結果に終わった……。

・デヴィッド・ブロムバーグ・バンド（1978年1月）

デヴィッド・ブロムバーグはボブ・ディランのバックもやったりして、セッション・ギタリストとして名前が売れていた。僕がやった当時には、もうバンドを作っていて、そのバンドがすごく良くかった。それで、ぜひ呼びたいなと思った。

ブロムバーグ以外のメンバーは、ディック・フィージー（ギター、マンドリン、フィドル）、ジョージ・キンドラー（フィドル）、ジョン・ファーミン（ホーンズ、ペニーホイッスル）、カート・リンバーグ（トロンボーン）、デイブ・シャロック（ベース）、ランス・ディッカーソン（ドラム）。来日直前になってベースがヒュー・マクドナルドからデイブ・シャロックに代わった。プログラムの表紙の絵は直しが間に合わなくて、ヒュー・マクドナルドのままになっている。マルチ・プレイヤーの小柄なディック・フィージーは、日本でも人気だった。その後ソロでも活躍したけれど、しばらくして亡くなってしまった。

彼らは金沢に行った翌日に片山津温泉に寄った。たしかもっきりやの平賀の紹介で。僕はそのとき同行してなくて、アシュラに行ってもらった。

そういえばブロムバーグは、最初はジェリー・ジェフ・ウォーカーとのコンビで知られるようになった。ジェリー・ジェフもやりたいと思って、何回か奥さんがマネージャーだったときに連絡したことがあるけれど、そのときは体調が悪くて、結局実現できなかった。

・レオン・レッドボーン（1978年2月）

デヴィッド・ブロムバーグのあと、レオン・レッドボーンをやったのだが、ちょうど同じ日にディランをぶつけられてしまった。僕らが九段会館でやった日に、ディランは近くの武道館でやっていたのだ。それもあってか、細野晴臣もオープニングで出てくれたりしたのに、けっこう赤字が出た。レオンが帰りがけに「ヒロシに返しておいて」とスタッフの渡辺だったか誰だかに、ギャラを半分くらい返してくれたことがあった。そんなことは後にも先にも一度きり。だから恩返しにもう一度やりたかったけれど、もう引退してしまった。

レオン・レッドボーンは、ヒルビリー、ボードビル、ラグタイム、ブルースなど、昔の古い音楽を現代によみがえらせたアーティストで、当時もそんなに売れていたわけではないけれど、僕がレコードを聴いて気に入って、やることにした。あとはまあ、向こうの連中、僕の友達でマッケイブスにいた押尾とか、ボビー・キンメルとかの推薦もあった。

・オーティス・クレイ（1978年4月）

この頃、自分の中の興味が、だんだんシンガー・ソングライターから離れてきていた。それと、僕らのシンガー・ソングライター路線の成功で、こういうものも入るとわかった大手の呼び屋さんがSSWをやり出したこともある。

大手と競合するようになると、地方にもこうしたアーティストを紹介しようとするトムスのやり方は、経済的に苦しくなってきた。やはり東京・大阪・名古屋あたりの大きいホールでやったほうが効率がよいというのはあった。それでSSW系じゃないソウルっぽいものもやっていこうかなと思うようになった。

最初は当時ソウル・ファンの間で人気の高かったサザン・ソウルのO・V・ライトをやろうと思ったのだが、O Vが体調が悪くて来られなくなった。代わりに呼んだのがオーティス・クレイだった。この時もシカゴのスティーブ・トマシェフスキーに世話になったというか、彼の強い推薦があったからオーティスに決めた。

これがすっごくいいライブで、中村とうようさんも絶賛してくれた。初日のライブを観たあとで、ビクターの田島さんと話して録音をしようということになり、急遽音を録ってライブ盤（『ライヴ！』）も出した。オーティス・クレイが日本はもちろんのこと、世界的に人気になったのは、このアルバムがきっかけだ。

・フライング・ブリトー・ブラザーズ（1978年5月）

カントリー・ロックのフライング・ブリトー・ブラザーズは、再結成後のメンバーだった。来日したのは、ペダル・スティールのスニーキー・ピートと、ケイジャン・フィドルのギブ・ギルボー、ベースのスキップ・バッティン。ギターは新しく入ったばかりのグレッグ・ハリス。ドラムはジーン・パーソンズがやっぱり来られなくて、代わりにエド・パンダーが来た。彼らも日本でライブ・アルバムを録って出した。このアルバムはアメリカでも『LIVE FROM TOKYO』のタイトルで発売されている。

・レヴォン・ヘルム&RCOオールスターズ（1978年6月）

最初RCOオールスターズは、ドクター・ジョンとギターのフレッド・カーター・ジュニアも来るはずだったのだが、スケジュールが合わなくて不参加。それでも総勢11人の大所帯になった。ベースはドナルド・ダック・ダン。ギターにスティーブ・クロッパー。ホーン・セクションは、アラン・ルービン、ルー・マリーニ、トム・マローン、ハワード・ジョンソンの四人。ケイト・ブラザーズがギターとピアノ。それにレヴォン・ヘルムの甥っ子がドラム。シンガー・ソングライターのボビー・チャールズも最後のほうに登場して歌ってくれた。レヴォンはドラムだけじゃなくて、マンドリンもけっこう弾いていたね。

レヴォンは、ほんとにいい人だった。僕らが飛行機で福岡に行ったときに、彼は飛行機に乗らなくて、渡辺とレヴォンとそれからボビー・チャールズと三人で、電車で行った。そうしたら、広島を通ったときに原爆の話をして涙を流していたって、渡辺がそう言っていた。

レヴォンには、そのあと僕がウッドストックに行ったりして何回か会った。もう一度日本に来たいって言っていたけれどね。実現しなかった。

❖パンクの洗礼❖

オーティス・クレイのところでもふれたように、この頃にはシンガー・ソングライターはもういいかなと思いだしていて、次に何をやろうかと考え始めていた。もうこの頃になると、シンガー・ソングライターはジェイムス・テイラーでも誰でも、大手の呼び屋さんでやるようになっていた。

そう思っていたときに、ビルボード誌か何かに「イギリスで新しい音楽ムーブメントが生まれてきて、スティッフという会社のアーティストがみんなでバスに乗ってツアーをして……」みたいな記事が載っているのをちらっと見た。これはどうなんだろうと思ってレコードを聴いたら、すごくいい。「あ、こういうのがいまイギリスから出てきてるんだ」と思って、レコード会社の人に聞いたら、たぶんジェイク・リビエラっていう人がキーパーソンだろうと。スティッフの創設者で、あの当時のマネージャーだった人だ。

それでジェイクに電話をした。「日本でやりたいんだけど」って。そうしたら「いいよ」と快諾してくれた。ほんとはエルヴィス・コステロをいちばん最初にと思っていたのだが、スケジュール的に無理で、グラハム・パーカーが最初になった。すでにフィリップスで日本盤のレコードを出すことも決まっていたし、だったらグラハム・パーカーとルーモアでいこうと。ルーモアもすごくいいバンドだったから、もうこれがいいと思った。

こうしてグラハム・パーカーを呼んだのはいいのだが、飛行機の都合で機材の到着が遅れて、なかなかステージが始められなかった。「麻田出てこい！」なんて怒ったお客さんからずいぶんヤジられた。

それよりもまずかったのは、たしか中野サンプラザの二日め、9月30日だったと思うのだが、お客さんが興奮してオケピットに入ってきてしまった。それをサンプラのスタッフが止めに行ったら、バンドのマネージャーだったか、ローディーだったかが、そのスタッフを殴っちゃった。これが大問題になって、「お前んとこにはもう貸さねえよ」と言われた。

そういうことって、それまでのいわゆるシンガー・ソングライターの人たちじゃ考えられなかった。ホテルには女の子がガンガン来ちゃうし。「あ、これがロックンロールのツアーなのか！」と思った。でも本人たちはすごくいいヤツらでね。たしかＮＨＫのテレビにも出た記憶があるんだけどな。

❖コステロ狂騒曲❖

グラハム・パーカーのあとは、いよいよコステロ。グラハム・パーカーの暴力沙汰で懲りたりはしなかった。むしろ「あ、こういうのがいまの音楽なんだ」というのを、すごく実感した。シンガー・ソングライターにちょっと退屈していたもので、久しぶりに興奮する音楽に出会えたという高揚感があった。コステロのアルバムは1枚めから聴いてたから、コステロはぜったいやりたいと思っていた。

この頃は、やはりジェイク・リビエラがマネージャーだったので、彼に連絡して、エルヴィス・コステロ&アトラクションズを呼んだ。このツアーも、けっこうたいへんだった。最初が大阪だったのだが、キーボードのスティーブ・ナイーブが、ファルフィッサのオルガンを使いたいと言う。楽器レンタル会社のレオミュージックに聞いたら、持ってないと言う。輸入元がヤマハだったので、ヤマハから直接借りることにした。

そして大阪初日。3曲くらいやったところで、突然仲間割れが始まった。スティーブ・ナイーブがヤマハから借りたファルフィッサを舞台上で蹴とばすわ、ドラムのヤツも暴れるわ。それで、みんな楽屋に戻ってしまった。こっちが何か気に障ることをしたのかなと思ったら、そうじゃなくて仲間ゲンカ。マネージャーが外にいて、中で罵声が聞こえるし、物を投げるような感じもあって、ああ、またかと思った。でもまあ、なんとかステージは再開してもらえたけれど。そのときもお客さんに言われたんだ、「麻田、出てきてお前が歌え!」って。

ともあれ大阪はなんとか終わって、それから東京に戻ってきてあの有名な銀座の事件が起きる。コステロが「チケットどうなってるんだ」と言ってきた。僕は「いや、あんまりよくないんだよ」、「じゃあオレたちプロモーションするから」……という話の流れで、「これこれこういうものを用意してくれ」と言われたのが、PAと楽器を積み込んだフラットなトラック。それからマイクを倒れないようにしてくれと。「東京でいちばんのメイン・ストリートはどこだ?」って聞いてくるから「銀座」と答えたら、「オレたち銀座で演奏してチラシ撒くから」だって。

ただ、そんなことを僕がやらせてるなんて言われたら、即、公演中止みたいなことになっちゃう。それはぜったいまずいので、自分たちの考えでやっていることにしろ、もしくは日本語わかんないって英語でまくしたてろと言い聞かせた。

こうして武道館の駐車場でPAや楽器を積んで、新橋のほうから銀座通りに入っていったわけ。ちょうどヤマハ

SAPPORO BEER
NISSAN
GINZA
LION

4階
トセンター
地下1階
トセンター
8階
オーヤマ
Pearl
PRESIDENT EXPORT

のあたりから音を出したのかな？　僕はぜったい捕まると思っていた。四丁目に交番があるからね。あそこで捕まると思ったから、そこにカメラマンの桑本と、サンケイスポーツの記者の中山さんをスタンバイさせといたら、案の定捕まった。

あとで本人たちに聞いたら、レコードも投げたらしいのだが、「誰も拾わないんだよね」とか言っていた。でも翌日にはわりと大きな記事になって、サンケイスポーツに載った。これが集客にどれだけつながったかはよくわからないけれどね。そんなに影響はなかったのかもしれない。でもまあ、けっこう有名な話でしょ、これは？

コステロは福岡でもやったんだけど、コンサートが終わって、福岡のホテルでみんなでビールを飲んでいたら、ホテルの人に「もうそろそろ終わりですから」と言われた。それをまたスティーブ・ナイーブが怒って、机をわーってひっくり返して、また僕が怒られるという。

ホテルはあの頃二人部屋だった。そういった点では偉そうなことを言わないで、ツインの部屋に二人で入ってくれていた。いまだったらそうはいかないんだろうけど。そうしたら夜中の3時くらいかな？　下のロビーから電話がかかってきて、「ちょっと来てください」とのこと。行ってみたら、スティーブとドラム……いや、ドラムとベースだったかな？　彼らの部屋で喧嘩が始まっていた。備え付けの大きなランプを倒したのが身体のどこかに当たって、下のカーペットまで血が流れて……そんなこともあった。まあ弁償はマネージャーがしたんだけどね。

でも、演奏はすごくきちっとしてくれた。僕の好きな「アリソン」という曲も歌ってくれたし。そういった面で、コステロはね、けっこう真面目っていうとおかしいけれど、冷静で、自分たちがいま何をしなくちゃいけないかっていうことなんかを、きちっと考えていたと思う。だから銀座でのパフォーマンスも、冗談じゃなくて本気で集客を増やそうとしてやっていたんだ。そのときの写真は、彼の書いた自伝の中にも載っている。

また彼は古い曲をよく知っていて、サウンド・チェックのときにはジム・リーブスの「ヒール・ハフ・トゥ・ゴー」をレゲエっぽくやっていた。そのことについて聞いたら、彼のお父さんが米軍関係のクラブで演奏していたとかで、日本にもあった白盤というヒット曲を入れたレコード（アメリカでどんな曲が流行っているかをミュージシャンに伝えるために配った）をよく聴いていたと言っていた。

音楽的にそれまでのシンガー・ソングライターやソウルと違うので、プログラムの制作には「ドール」という雑誌の森脇美貴夫、黒田義之といった人に参加してもらった。お客さんも、グラハム・パーカーはイマイチだったけれど、コステロは最終的にけっこう入った。

それと、この頃からできるだけ日本人アーティストのオープニング・アクトを入れたいと思って、西武劇場の二日間は、ちょうどデビュー・アルバムを出したばかりのシーナ&ロケッツに出演してもらった。鮎川君はどことなくコステロに似ていたし。シーナはこのとき初めて人前で歌ったのだそうだ。

❖不評に終わったジェイムス・カー❖

イギリスのニュー・ウェーブ・バンドに注目する一方で、やっぱりソウルもいいなと思っていた。オーティス・クレイも好評だったことだし。そこで次に企画したのが、ジェイムス・カーという

ソウルの御大だった。ジェイムス・カーは、ソウルの雑誌などの関係者が「やろうよ、やろうよ」とプッシュしてきていた。それにレコード会社も乗り気だったからやってみたのだが、アメリカではもうレコードも売れていなかったし、ちょっと場末のお店でやっているようなバンドを連れてきちゃった。そうしたら日本のお客さんがみんな怒った。バックが白人のバンドだったからだめだと言うわけ。僕としては「なにそれ？」という感じだった。「当然じゃない、そんなの」とむかついたのを覚えている。それとバックが若いミュージシャンだったせいか、お客がリクエストするソウルの名曲を知らなくて、同じ曲を二回演奏するといったこともあった。

ともあれ、ジェイムス・カーをやり、ネッド・ドヒニーをやり、エリオット・マーフィーをやり……。ネッド・ドヒニー

とエリオット・マーフィーでは、またシンガー・ソングライター路線に戻った。

ネッド・ドヒニーはウェストコーストの人で、グレン・フライ、ドン・ヘンリー、J・D・サウザー、ジャクソン・ブラウン、リンダ・ロンシュタットといった、アサイラム系のアーティストと交流があった。日本のライブは、後楽園ホールで二回、その合間に大阪サンケイホールで一回の三回のみ。地方は回っていない。

エリオット・マーフィーは、ロック詩人なんて呼ばれていて、この頃はブルース・スプリングスティーンと比較されたりもしていた。ロング・アイランド育ちの典型的なニューヨーカーといった印象だったけれど、いまはパリで暮らしているようだ。

この頃アシュラがトムスを去って、自分でイラストやデザインの仕事をするようになったので、ツアー・マネージャーとして近本隆に入ってもらった。

❖日本初のオール・スタンディング❖

パンクは、そのあとストラングラーズをやった。79年に二回。

一回めのときは後楽園ホールでやった。このときは、まだ椅子席だった。ここでもグラハム・パーカーのときのように、メンバーがお客に「もっと自由にふるまえ」と野次って、それをレコード会社の担当がステージで訳したものだから、お客がワーッと喜んで、椅子なんか蹴飛ばして前に来た。このコンサートのときから入れた警備の人がお客さんを殴ったりもして、暴動が起きそうになってたいへんだった。椅子が二百脚くらい壊れて弁償させられた。

僕は同時期にやっていたロフトのジム・クエスキンのほうに行っていたのだが、ロフトに連絡があって「すぐ後楽園ホールに来てください」と。それで後楽園ホールに戻ったら、会場は椅子が壊れ惨憺たる状況だった。でもなんとかライブは最後までやって、担当していた伊東眞也は警察に呼ばれ、事情聴取をされた。

昔のトムスでやっていたような音楽が好きだった伊東眞也は、「こういうライブはもう嫌だ」と言って辞めた。代わりに、横浜でトムスのライブをやっていた宮本敏則が入った。

この頃からお客さんも、トムスのやるコンサートについていけない人と、新しい音楽を聴きたいという人とに別れてしまった。シンガー・ソングライターやブルーグラス、ブルース、ソウルといった音楽が好きだった古くからのお客さんたちは、このニュー・ウェーブと呼ばれた新しい音楽にはついていけずに……というか、コンサートではあくまで自分の好きな音楽を静かに聴きたいというお客さんが、トムスから去って行ったと思う。

その年の暮れにやったストラングラーズの二回めのツアーの東京公演は、後楽園球場特設テントでやった。この会場は、サーカスのために作られたテントでステージを覆ったものだった。動物の糞や尿の匂いが立ち込めて、メンバーにも「この匂いはなんだ?」、「どうにかできないのか」と言われたけれど、こればかりはどうしようもない。

とにかくこのときは、日本で初めてのオール・スタンディング・ライブということでやった。日本ではそれまでスタンディングのライブはなかったのだ。とはいえ西部講堂なんかは例外で、あそこは治外法権で椅子もなかったし、お客は最初から立っていたけれど。

ゼルダとフリクションがオープニング・アクトだった。奇妙なことに、この時は最初から立っているのに、お客にあまり暴れる人もいなく、けっこうおとなしく聴いていた。だから日本で初めてのスタンディング・ライブは何の問題もなく終わった。

❖大人の雰囲気だったトーキング・ヘッズ❖

英国のパンク/ニュー・ウェーブ・バンドに続いて、79年7月にはトーキング・ヘッズをやることにした。ニューヨークのライブハウス、CBGBを中心として、アメリカにも新しいムーブメントらしきものが生まれていたので、僕としてはイギリスもやったからアメリカもやりたいなという考えだった。トーキング・ヘッズは最初のレコードのときからすごく好きだったけれど、このときはまだ日本では売れていなかった。『フィア・オブ・ミュージック』が来日記念盤。売れてきたのは、あの『リメイン・イン・ライト』くらいからだから。

この初来日は、それこそメンバー四人とマネージャー一人だけの少人数で来た。PAも照明も日本人スタッフでやった。照明に関しては、色を使わないでほしいという要求が来た。カラーのない、言ってみればすごくシンプルな照明だったけれど、それが不思議とトーキング・ヘッズの音楽とマッチして素晴らしいライブだった。

九州でトムスのコンサートをやってくれていた、くすミュージックの岡本君が、当時ほとんど無名だった彼らを、1979年7月22日に九電記念体育館で催された「80's Jam Over Japan」というイベントに入れてくれた。所沢、札幌、福岡の三ヵ所で同時開催されたそのイベントは、サザンオールスターズが所沢の西武球場からヘリコプターで羽田に飛んで、福岡のトリを取ったことで有名になったらしいが、僕としては日本のアーティスト、それもフォーク系のアーティストが多いイベントに、トーキング・ヘッズを入れてくれた岡本くんの勇気に感謝感謝だった。トーキング・ヘッズは、ほんとうに大人という感じで、なんの問題も起こさなかった。ついこのあいだ、ティナ・ウェイマスにSXSWで会ったときに、「いちばん最初の日本ツアーがいちばんよかった」と言われて、うれしかった。

プログラムのデザインは、この時から立花ハジメにやってもらうことにした。

❖パンクを一手に引き受けて❖

8月に呼んだXTCも、ものすごく好きなバンドだった。ただ、バリー・アンドリュースというキーボードが入ったXTCが好きだった僕は、彼がやめてダブル・ギター……つまりキーボードなしで来るという新生XTCに若干の不安があった。ところが『ドラムス・アンド・ワイアーズ』という来日記念盤を聴いたら、やはりアンディー・パートリッジ・サウンドは健在だった。

でもXTCはホテルでもめた。おっかけの女の子のお母さんが来ちゃったりなんかして、ホテル側からクレームがきて、ホテルを替えさせられた。

東京の九段会館のときは、オープニング・アクトがPモデル。京都ではワールド・ニュー・ウェーブ・フェスティバルというイベントのメイン・アクトとして出演した。ほかにはPモデル、アーント・サリー、リザードなどが出たと思う。

XTCはこのときしか日本に来てないと思う。そのあとほとんどライブをやらなくなっちゃったから。この時のロード・マネージャーのレイ・ハーンは、その後日本に住むことになって、いまだに日本の音楽業界で活躍している。

実は、トーキング・ヘッズとB-52'sとラモーンズは、同じマネージャーだった。この縁で、B-52'sとラモーンズも僕にやらしてくれた。B-52'sは、トーキング・ヘッズと同じようにニューヨークのCBGBで知られるようになったニューウェーブ・バンドだった。

それと、トーキング・ヘッズやラモーンズを抱えていたサイアー・レコードの社長のセイモア・スタインは、いまではちょっと考えられないけれど、よく電話をかけてきてくれて、「いまちゃんとチケット売れてる?」とか「何かやることある?」とか、すごく協力的だった。日本のマーケットを開拓したかったからかもしれないけれど、ありがたかった。

イギリスのグラハム・パーカーやコステロ、XTC、それにアメリカのトーキング・ヘッズ、B-52'sにしても、相手のマネージャーもレーベルもインディーズだったから、無理にギャラをふっかけてくることもなく、お互いになんとかしてアーティストを売ってやろうという協力精神で仕事をしていたので、僕らのような小さい呼び屋でも大手が目をつける前に呼ぶことができた。

大手の呼び屋さんは、それこそうちがグラハム・パーカーで問題を起こしてサンプラザから使わせないと言われたとか、エルヴィス・コステロの銀座事件と博多のホテルの一件とか、そういう話も聞いていて、そうとうヤバいと思っていたんじゃないかな。だから、こういう新しいムーブメントに及び腰だった。それは本当にラッキーだった。ただ音楽舎だけは、テレヴィジョンをやったはず。音楽舎は、もともとトムスの呼んだミュージシャンを大阪でやってくれていた。そのうちに自分たちでも招聘するようになった。音楽舎はインディーズ・レーベルのはしりのURCの系列の会社だった。

❖パンク以外のアーティストたち

このように79年になると、パンク／ニュー・ウェーブ系の比重がずいぶん高くなってきた。昔からのトムスのファンの人たちは、複雑な気持ちだったかもしれない。実際に、イギリスのそういうバンドをやりだしたときには、「え？なんだよこれ」みたいな反応はあった。

とはいえ、パンク以外でも、ハッピー&アーティ・トラウムやジム・クエスキンを呼んだし、以前にやって好評だったジェフ&エイモスやオーティス・クレイをもう一度招聘している。グラハム・パーカー&ルーモアはパンク系だったけれど、これも二回め。

ソウル勢では、O・V・ライトやシル・ジョンソンもやった。はっきりシンガー・ソングライターと言えるのは、イアン・マシューズとトニー・ジョー・ホワイトくらいだったかな？

・ハッピー&アーティ・トラウム（1979年1月）

トラウム兄弟は、ウッドストックの重鎮で、マッド・エイカーズの中心人物でもあった。このときは、マッド・エイカーズに次いでの来日。彼らは村上律と中川イサトとも仲がよかったので、いっしょにやってもらった。

・ジム・クエスキン（1979年2月）

ジム・クエスキン・ジャグ・バンドは昔から好きだった。ニューポート・フォーク・フェスティバルでも観ているし。このときはジャグ・バンドではなくてクエスキン単独での公演。晴れてジム・クエスキン・ジャグ・バンドで呼べたのは、これからずいぶん経ってからだ。

・トニー・ジョー・ホワイト（1979年5月）

トニー・ジョー・ホワイトは、スワンプ・ロック系のシンガー・ソングライターで、「ポーク・サラダ・アニー」の作者としてもよく知られている。このツアーで思い出深いのは、福屋利信という方が徳山の新南陽文化センターに呼んでくれたことだ。オーストラリアの帰りだったので日程が詰まっていて、東京と徳山でしかライブはできなかったと思う。でも、こうして一地方でトニー・ジョー・ホワイトのようなアーティストをやってくれる人がいたのはすごくうれしかった。

・イアン・マシューズ（1979年6月）

イアン・マシューズは、フェアポート・コンベンションやマシューズ・サザン・コンフォートで活躍したイギリスのシンガー・ソングライター。サザン・コンフォートあたりから、アメリカ的なカントリー風のサウンドを目指すようになっていた。ちょうど『スティーリン・ホーム』がヒットしていた頃で、タイムリーな来日だったと思う。

・O・V・ライト（1979年9月）

78年に呼ぼうとして果たせなかった、サザン・ソウルのO・V・ライトの日本公演を翌年にやっと実現できた。病気でずっと体調が悪かったようで、日本に来たときにはずいぶん痩せていた。バックはメンフィスのスタックスのホッジス兄弟にハワード・グライムスのドラムだから、ジェイムス・カーのときみたいなことはなかった。ただやっぱり身体はそうとうしんどかったようで、ライブが終わると楽屋に帰って倒れるように椅子に座り込んでいた。それでもライブは最後の頑張りだったのか、鬼気迫るものがあった。

このときのライブもレコードになっている（『ライヴ・イン・ジャパン』）。彼は日本から帰って一年くらいで亡くなってしまったが、最後に日本でツアーをやれてほんとうに良かったと思う。

・ニック・ギルダー&ベイビーズ（1979年10月）

ニック・ギルダーは、ロンドン生まれ、カナダ育ちのシンガー・ソングライター。日本に呼んだときは、スウィニー・トッドというグラム・ロック・バンドを辞めてソロ活動を始めたばかりだった。

・シル・ジョンソン、アン・ピーブルス、ドン・ブライアント（1979年7月）

スーパー・ソウル・ショーと題して、シル・ジョンソンをメインに、アン・ピーブルス、ドン・ブライアントと、南部の黒人シンガーをトリオで呼んだ。シル・ジョンソンは、ミシシッピー出身のブルース・ギタリスト／シンガーで、ソウルの分野でも活躍していた。この時のプログラムの表紙やTシャツのイラストは、オーティス・クレイと同じで湯村輝彦さんがやってくれた。

❖フュージョンやラテンも手掛ける

80年前後はフュージョン・ブームがピークに達していた頃で、リー・リトナーやアル・ディ・メオラが人気を集め、日本でもカシオペアやプリズムが活躍していた。トムスでもラリー・カールトンをやった。その絡みでスクエアのマネージメントをやってくれないかという話も来て、これも引き受けた。

スクエアをやるとなると、誰かマネージャーをつけなければいけない。そこで以前に坂本龍一などに関わっていた近本隆に入ってもらうことにした。ただ、カシオペアやプリズムに比べると、スクエアはまだまだ売れていなかった。自分たちのライブで食べて行けるほどの人気がなかったので、バックバンドで使ってもらえないかとユーミン（松任谷由実）の事務所に売り込んだ。リハーサルに行かせると、ユーミンはすぐに気に入ってくれたようで、彼女の新しい全国ツアーに参加することになった。それはよかったのだが、そのときのツアーのテーマがパントマイムで、バンドの連中は音楽の練習よりパントマイムの練習をさせられて相当まいったようだ。

ラテン・パーカッションのティト・プエンテはヤマハと協力してやった。トムスにとって初めてのラテン音楽だった。フュージョン、ラテンなど、これまで手掛けたことのなかった音楽ジャンルやアーティストは、他社からの依頼があって引き受けた。結果的にいろいろ新しい試みを行なうことができたと言える。

・ラリー・カールトン

最初にラリー・カールトンを始めたきっかけは、長い付き合いになるミュージカル・ステーションからの依頼だった。五輪真弓のバックとして招聘してほしいと言われて、五輪のツアーのためにラリー・カールトンのバンドを呼んだ。ジェフとマイクのポーカロ兄弟はものすごく若かったけれど、二人ともすごいテクニシャンで、ラリーが「彼らはすぐに有名になるよ」と言っていた。たしかにTOTOのメンバーとして世界的な大スターになった。そのあと、ラリー・カールトンをメインにした公演も一回か二回やった。この頃は、まだそれほどギャラも高くなかったと思う。

・ティト・プエンテ&ラテン・パーカッション・オーケストラ

ティト・プエンテは、ヤマハ楽器といっしょにやった。ラテン・パーカッションをヤマハが売ることになったので、そのプロモーションも兼ねた企画だった。

……と、ここまではいつもと変わらず順調なように思えた。80年6月にはラモーンズをやることも決まっていたし、その準備も始まっていたのだが、ここでトムス・キャビンの命運を左右するような出来事が起こった。これには愕然とするしかなかった。そう、たいへんな記事が出てしまったのだ、新聞に。

❖「トムス倒産か?」❖

イギリスのパンク・バンドは、ほとんどトムスの独占状態だった。お客さんもけっこう入っていたので、見通しは明るかった。ニューヨークのトーキング・ヘッズも入ったし、B-52'sも入ったし。僕はこの路線で行けば大丈夫だろうと考えていた。

実はこの頃には、もう累積赤字はかなりあった。お客さんの入らないコンサートもずいぶんやってきたから。でも、ストラングラーズのときに後楽園ホールを僕らに貸してくれた渡辺プロダクションの川口さんという方が、渡辺プロダクションに来ないかと言ってくれたり、僕の友人の友人が金銭的にサポートしてくれるという話があったりして、明るい光が見えてきたなという状況だった。

そんなある日、とあるスポーツ新聞に、かなり大きな記事が出た。タイトルが「トムス・キャビン倒産か?」というものだった。ほんとうに驚いた。

だって、トムス・キャビンはそんな新聞に出るような大きな会社ではないから。「何なんだろうな? これは」と思った。それで、スタッフの渡辺がおかしいから調べると言って探ってみたら、「業界関係者」が記者に書かせたということがわかった。「なんだ、すげえ嫌な世界だな」と思った。

動機はなんだったのだろう? 目の上のたんこぶみたいに思われていたのかな? 全然わからない。トムス・キャビンはほんのチンケな呼び屋だったのに……。

せっかく明るい兆しがあり、「ここのところまあまあ入っているから金銭的なサポートをしてあげよう」と思っていた人も、そんな記事が出たらもう手を引いちゃうよね。それでも続けることはできたのだろうけど、もう僕自身にやる気がなくなった部分が大きかった。嫌な世界だなと言うとおかしいけれど、うちみたいなチンケな会社にそんなことするの? せっかくがんばってきたけれどもういいや、と思っちゃった。それで、倒産の道を選んだ。

❖最後の花火となったラモーンズ❖

ラモーンズは倒産してからやった。もう日程は決まっていたので、友達の原宿の事務所を借りた。パルコの西武劇場で三日間。京都は、いまスマッシュ・ウェストの社長をやっている南部裕一がやってくれた。大阪の会場は、「スタジオあひる」というすごいところで、4階までエレベーターがないようなライブハウス。機材は全部僕らで4階まで上げたけれど、メンバーには「え？　4階まで上がるのかよ」みたいなことを言われた。このスタジオあひるでのライブは、いまFM８０２にいる古賀君が仕切ってくれた。そうしたほぼ学生だった連中が協力してくれたのだ、ラモーンズは。

ラモーンズのメンバーたちは、真面目というか、おとなしかった。ジョニー・ラモーンなんかは、ほんとにおとなしくて、みんなでお酒を飲んでバカ騒ぎみたいなことはなかった。まあ、ガール・フレンドはいっしょに連れてきていたけれど。

西武劇場のときはシーナ＆ロケッツをオープニングに使ったはず。コステロのときに続いてね。京都のオープニングは、町田町蔵のＩＮＵと、あともう一つはＺＩＧ ＺＡＧ。前にも書いたように、この頃にはオープニング・アクトのバンドを入れるようになっていた。

B-52'sのときには、プラスチックス。立花ハジメのことはワークショップMU!!の使いっ走りをしていた頃から知っていたから。プラスチックスはB-52'sのマネージャーに気に入られて、アメリカでレコードを出してもらって、ツアーもやった。

倒産したときに、二千何百万円の赤字が残った。レコードや楽器は、倒産したときにほとんど売ってしまった。車もオーディオも。小さい時から車が好きだったたから、フィアット・アバルトっていう当時は日本に1台しかない車に乗っていた。いまはもっとあると思うけれど、その大事な車まで売ったのだ。だって、ちょっとヤクザっぽい人が事務所や家にまで取り立てに来たのだから、しょうがなかった。女房はそんな体験したことがないから怯えてしまっていた。

会社も解散したので社員はいなかったけれど、舞台監督をやってくれていた井上、最後までいた船山友恵という女性と二人で、そう言ったヤクザみたいな人たちの対応をしてくれた。僕がいると返済のことを言われるので、自分たちは留守番をしているだけだからと言ってくれた。

たしか東京音楽祭で知り合ったジャパンプロモーションの方が、話を聞いて連絡をくれた。「麻田君、困ってるんだって？」と聞かれて、「そうなんですよ。これこれしかじか」と説明すると、「俺に任せておきな」、「そういうヤクザっぽい人が来たら連絡をよこすように」と言う。また取り立てが来たので言われたとおりにしたら、それこそもっと怖いような人が来て、「お前らどこのもんだ」となり、そのあとはまったく来なくなった。

僕としてはその人さまさまで、なんとかお返しがしたいと思った。それでスタッフが足りていないというジャパンプロモーションに、僕と井上、船山の三人で入った。ちょうどその頃、東京音楽祭で金賞を取ったノーランズをジャパンプロモーションでやることになり、僕がブッキングをして、井上が舞台監督をやった。このツアーはどこも即完売のような状況で、倒産で迷惑をかけたイベンターさんたちへの借金が若干返せた。

❖やりたかったライ・クーダー❖

トムス・キャビンは、グリスマンでスタートして、そのあとは基本的にシンガー・ソングライターとブルーグラス系を追いかけていったのだけれど、実はライ・クーダーもほんとうはすごくやりたかった。結局、大手の呼び屋さんにやられたのだが。

ライはデヴィッド・リンドレーの友達で、最初はその関係で知り合った。僕と世代的には同じだし、聴いてきた音楽もほとんど同じ。とくに彼はロサンゼルス育ちだから、僕と趣味が近かった。ちょっと前のアルバム『アイ、フラットヘッド』（2008年）で、そのあたりのことを歌っている。ロスのスティール・ギター・プレイヤーの名前も出てくるしね。

　そういえば、僕がネーネーズのレコーディングのコーディネートをしていたときに、ライ、リンドレー、ボブ・クロウブ（ベース）、ジム・ケルトナー（ドラム）といったミュージシャンたちに来てもらったことがある。リンドレーは器用だから、すぐさっさっさと終わるのだが、ライはあんまり器用じゃないから、時間がかかった。あんまり言うと怒られちゃうかな？

　それとほぼ同時期だったと思うけれど、1994年に東大寺の特設ステージでユネスコ主催の「あをによし」という大がかりなコンサートが催されて、その模様はNHKのテレビで放映もされた。このコンサートにはディランやジョニ・ミッチェルやライ・クーダーも出演したのだが、僕がそのブッキングやコーディネーションを頼まれた。そのときにライ・クーダーから電話があって、「河内音頭のギターの人といっしょにやりたい」と言われた。河内屋菊水丸のギターの石田雄一とは知り合いだったので、彼を紹介してあげた。

　実はその前にも連絡があって、「ベトナムにキム・シンというスティール・ギター奏者がいるんだけど、ヒロシ知ってるか？」と言われたこともある。キングから出ているどっちかというとフィールド・レコーディングみたいなアルバムを聴いていたから、「知ってるけど」と答えると、「彼とレコード作りたいんだけど」と頼まれた。それからどうやったかは忘れたけれど、とにかくそのキム・シンに連絡をとった。あの当時のベトナムだから、アメリカに行くのがけっこうたいへんで、日本経由でビザを取った。そのアルバムはまだ出ていないので、あれどうなっちゃったのかな？と思っているんだけど。今度ライ・クーダーに聞いてみようかな。

　このあいだネットを見ていたら、ライ・クーダーがギターの話をしていて、テスコのピックアップを使っていると言っていた。デヴィッド・リンドレーが教えてくれたから使うようになったって。実は僕、リンドレーの誕生日に、京都だったか名古屋だったかで見つけたテスコの古いラップ・スティール・ギターと、ラジオみたいな形のアンプをセットにして、プレゼントしたことがあった。リンドレーって、そういうちょっとヘンなものが好きだから。

そうしたらピックアップが気に入ったみたいで、それからリンドレーとライ・クーダーがテスコのピックアップを集めだした。僕のところにも探してほしいって言ってきたけれど、僕はあんまりエレキ・ギターのことは知らないから、「アシュラに聞いてよ」って返した。そのあとアシュラは何本も送ったみたい。

❖トムス総括❖

トムス・キャビンのやったことで功績と言えそうなのは、僕のような者でも外タレを呼べるということを、若い人にわかってもらえたということ。それと前にも書いた外タレの全国展開。あとは、あんまり売れていない人をどんどん呼んだということだろうか？

グラハム・パーカーとかコステロとかは、当時はまだああいう音楽を受け入れてくれる人たちは少なかった。とくにトムスのファンは、シンガー・ソングライターだとかソロ・ミュージシャンだとか、そういう人を支持する人が多かったから、途中で路線変更して僕があういうのを呼んだので、「え、なんだアレ？」みたいなことになったと思う。でも、それがそのあと主流になっていったわけだから。

僕は、基本的に好きなミュージシャンしか呼んだことがない。たとえばラリー・カールトンなどは頼まれてやったけれど、彼は素晴らしいミュージシャンで、スティーリー・ダンでのプレイなんかすばらしかったし、大好きだった。

いま思うと、ソロのシンガー・ソングライターをやって、ブルーグラスをやって、それからちょっとブルースとソウルをやって、イギリスのニュー・ウェーブをやってるのは、とても支離滅裂だよね。だから流行を追ったというよりも、自分が聴いている音楽に退屈してきちゃうから、それで別のものに興味が移っていったってことだったのだと思う。たとえばシンガー・ソングライターをやっているうちに、だんだん刺激が薄れてきたように。

何か面白いものを、何か新しいものを見てやろうっていうのは、いつも思っている。だからイギリスのああいう連中が出てきたときも、「ああ、すごいな。こいつら若いのにこんなことやって」と思った。だから、プログラムやTシャツもそうだけれど、やっぱりなにか面白いものをとか、「え、何これ?」っていうようなことをやりたいというのは、常に思っている。それはいまでも思ってる。

ともあれ、家族はよく我慢してくれたと思う。ほんとうに自分のやりたいことをやらしてくれたというのは、ありがたい。

うちの奥さんは基本的に音楽はあまり聴かない人。でも、昔の音楽はよく知っている。シルビー・バルタンとかそういうの。でも、僕のやっている音楽については、ほとんど興味がないんじゃないかな? だから、うちには仕事はあまり持ち込まない。

でも、狭山に住んでいる頃に、一回ジャクソン・ブラウンとデヴィッド・リンドレーが家にやって来たことがある。ちょうどリンドレーの誕生日のときに日本にいたので、ジャクソンが「どこかで誕生日のパーティみたいなのやれないかな?」と聞くから、「じゃあうちに来たら」って言った。ジャクソンは当時の彼女だったオーストラリア人の子と、イーサンっていう息子を連れて来た。デヴィッド・リンドレーは奥さんと娘を連れて、西武線で稲荷山公園まで来た。ジャクソンの彼女の名前、忘れちゃったな。その頃は奥さんが亡くなって、オーストラリアでその子と会って、いっしょに来たんだったと思う。それで、うちでバースデー・パーティみたいなことをやった。ちゃんと来られるかなと心配していたら、ちゃんと稲荷山公園で降りてきた。たしか、セクションのメンバーといっしょに来たときじゃなかったな?

7

リスタート　新たな才能の発掘

❖めんたいロックの名付け親❖

トムス・キャビンが倒産したときに、ゴダイゴの会社、ジェニカ・ミュージックの社長だったジョニー野村が、「うちにおいでよ」と声をかけてくれた。ほんとうは、もう音楽業界じゃなくてほかの仕事がしたいなと思っていたのだが。でもジョニーが熱心に誘ってくれたので、お世話になることにした。まあ、借金もあったしね。

一つブッキングすると、ボーナスみたいな形で十万円くれたから、それで毎月謝金を返していた。僕がブッキングをして、同じ頃に入社した日高正博がプロモーション担当だった。

ジョニーのところでは、いくつか外タレもやった。そういうのもやりたいと言ったら、ジョニーがやらせてくれてね。ちょっとブルース・ロックみたいなジョージ・サラグッド&ザ・デストロイヤーズもやった。

ジョニーには、「麻田君、呼び屋さんやっても儲かんないよ。音楽業界はね、権利を持たないとだめなんだよ」とさかんに言われた。たしかにジョニーは、ゴダイゴの楽曲の権利を全部持っていたから。それが一つ売れれば、たいへんなことになる。そういう意味では、ジェニカはマネージメント業もやっていたけれど、出版業務がメインと言っていい会社だった。だから僕らはジェニカ出版という出版社に所属していたことになる。

ジェニカは僕がいるときに、福岡出身のロックンロール・バンド、ザ・ルースターズのマネージメントも始めた。それでプロモーションをどうしようか?という話になった。ルースターズのほかにも、いまは俳優になっている陣内孝則のザ・ロッカーズとか、ちょっと前だと石橋凌のARBとか、モッズとか、福岡や久留米や北九州も含めていろいろなバンドが出てきていたので、「じゃあとにかく福岡からいろんなものが出てきたというのを売りにしようよ」と。日高ともプロモーション会議で話をして、福岡だから「めんたいロックにしよう」というアイデアが出てきた。メンバーたちはすごく嫌がっていたけれどね。でもわかりやすいということで、そう決めた。だから「めんたいロック」の名付け親は僕たちだったことになる。

❖スマッシュを立ち上げる❖

そんなことを二年くらいやったのかな？　そのうちにゴダイゴが少し下り坂になってきて、ジョニーも中国に行って天津で野外コンサートを始めたりした。あの人もまたちょっと変な人で、いろんなことをやりたがるところがあったのだ。でも、なんでジェニカを辞めたのかというのは、いまになってみるとよくわからない。日高が先に辞めたのか、僕が先に辞めたのかもよく覚えていない。とにかく二人で辞めた。日高が「会社作ろう」と言いだして、僕も「じゃあ参加するよ」ということで。こうして立ち上げた会社がスマッシュ。トムスのあと、81年、82年くらいはジェニカ・ミュージックにいたから、スマッシュを立ち上げたのは83年の中頃。(株)スマッシュの登記は84年の暮れで、最初は代表取締役:日高正博、取締役:麻田浩、取締役:石飛智紹という三人でスタートした。石飛はルースターズのマネージャーだった。当時の監査役は、ロッキンオンの渋谷陽一さんにお願いした。

スマッシュを立ち上げたといっても、最初はやることがないわけ。じゃあ最初の二年くらいは、なんとか昔のツテで外タレを呼んで、お金を稼いでいこうよということになった。僕はジョニーにも言われたように、自分で権利を持つような仕事をしたいと思っていて、日高にもそれは言ってあったけれど、でもまあ、当座は何か仕事をしないといけないからということで。

とはいっても三人だけでスタッフもいないから、いろいろ考えてほかの会社と組んでコンサートをやることにした。渋谷にあったライブインというライブハウスのブッキングを引き受けたり、FM802のイベントに絡めてデヴィッド・リンドレーとテリー・リードを呼んだり。ケンタッキーフライドチキンとも仕事をした。

スマッシュの初仕事は、ツバキハウスとやったラウンジ・リザーズだろうか。1981年にテオ・マセロがプロデュースしたEGレコードの彼らのデビュー・アルバムに惚れた僕は、スマッシュの最初のツアーはこれをやろうと思って、ジョン・ルーリーにコンタクトを取った。そして彼とLAであってツアーをやることを決めた。その前日に、たしかロキシーだったと思うけど、キッド・クレオール&ザ・ココナッツを聴きに行ったら偶然トム・ウェイツに会った。その話をジョンにしたら「ぜひ彼と会いたいんだ、電話番号を教えて欲しい」と言われた。ただ、そう簡単に人の電話番号は教えられないので、その日の夜にトムに確認を取ったら「良いよ」ということだったので、ジョンに教えた。その後彼らは連絡を取り合って友達になったようだ。そして、トムはジョンたちがいるニューヨークに移り住んだ。その後映画にも一緒に出たりレコーディングにも参加したりしている。

とにかくラウンジ・リザーズをブッキングしようと思って日本に帰ったのだけど、ラウンジ・リザーズなんて誰も知らなかった。仕方がなく、当時流行っていたツバキハウスというクラブを僕のフォーク時代の先輩がやっていたので、無理を承知でお願いした。その先輩の保科さんが面白そうじゃないと言ってツバキハウスでそのツアーを買ってくれた。ということで、ラウンジ・リザーズの初ツアーは新宿のツバキハウスと六本木の夢ツバキの東京だけのツアーになってしまった。

ザ・バンドは、スマッシュが登記する前の83年8月にやったことになる。ロビー・ロバートソン抜きで。一度解散して再結成したあとの「ザ・バンド・イズ・バック」だが、スマッシュとしてツアーをやった。このときはケンタッキーフライドチキンに支援してもらった。ザ・バンドの四人に加えて、サポート・メンバーがギター、キーボード、ベース、ドラムで四人。スタッフは少なめで、ローディが一人とミキサーが一人くらいだった。ザ・バンドでもそんなもの。そのときに、初日の渋谷公会堂だったかな？　リチャード・マニュエルが出るのが嫌だと言い出した。それをレヴォン・ヘルムが、「だいじょぶだ、だいじょぶだ」と言って落ち着かせていた。例の「ステージ・フライト」の歌そのままだったね。クスリをやっているわけじゃなくて、舞台恐怖症というやつなのだろう。

❖クスリを絶ったドクター・ジョン❖

84年10月にはドクター・ジョンを、キリン系列のハイネケンジャパンをスポンサーに付けて、パイドパイパーハウスといっしょにやった。このツアーはけっこうたいへんだった。

ドクター・ジョンは一人で、ソロ・ピアノで来た。娘さんはいっしょだったけどね。彼はちょうどその頃クスリをやめていた。メセドンというクスリをやめるときに飲む薬があるのだが、その薬の入ったカバンが飛行機に乗っていなかったのだ。なんとか調べると、フィリピンかどこかに行っていることがわかった。

最初は東京で演って、その次が札幌だったと思う。薬がないと禁断症状が出るので、早く調達しないといけない。その頃六本木に外国人のやっているお医者さんがあったので、そこに行って聞いてみたが、うちにはないと言われた。だけどそれがないと、だんだんドクター・ジョンが不安になってくるという。東京にまた戻ってきて、三日めか四日めにやっと薬が届いた。

それまでの彼はほんとうにナーバスな状態で、ましてや自分の娘がいっしょに来ているので、娘にはそういったところを見せたくない。「早く探してくれ」とせかされてメセドンを東京中探した。最終的に飛行機会社がバッグを届けてくれて事なきを得た。

ライブイン絡みでは、リトル・ミルトン、アルバート・コリンズ、カーティス・メイフィールドなどを呼んだ。ブルースの大御所のジョン・リー・フッカーと、若手のブルース・シンガーで、いまはすごく有名になったロバート・クレイのジョイント・コンサートも、ライブイン。

ジョン・リー・フッカーのマネージャーは、古くから知っていた。彼は基本的にエージェントで、いろんなミュージシャンにコネがあった。キャプテン・ビーフハートなんかもよく知っていて、電話で連絡がつくというので、ずっと長いこと彼に「やりたいやりたい」って言っていたけれど、結局実現しなかった。

彼が昔マネージメントしていた関係で、ロバート・クレイもジョン・リー・フッカーといっしょに来た。当時のクレイはちょっとロックンロールっぽいブルースの人で、彼のバンドでジョン・リー・フッカーも演奏したけれど、そのときの彼はあんまりリズム&ブルースとかを知らなくて、オーティス・クレイや、O・V・ライトやジェイムス・カーなんかのテープを作ってあげた。そうしたら最近はそこらへんばっかりやっている。

ほかには、コステロとも友達のデイブ・エドマンズもやった。渋谷のライブインや東横劇場で。それからロス・ロボスもやったはず。ロス・ロボスとレゲエのシュガー・マイノットを組み合わせて、日比谷の野音のジョイント・コンサートを企画した。

❖新機軸へのアプローチ❖

それからローリー・アンダーソンもやったね。84年6月だったかな? 最初はパサディナかどこかで観て、やりたいなと思って連絡をとったのだが、プロダクション・コストが高すぎて、それに金もなかったので諦めた。そうしたらツルモトルームというところがやることになって、僕はツアー・マネージャーと舞台監督みたいなことをやった。

ローリー・アンダーソンは、ビジュアルと音楽とを組み合わせた、もうほんとにすごいショーをやっていたのだけど、あんなに緊張したことはなかった。音と同時に日本語の訳詞を出すのだが、彼女が歌っているのに合わせて出ないとまずいから、そのキュー出しをするのがたいへんだった。その頃は、昔トムスのコンサートをやってくれていたフリーミュージックの井上が舞台監督の仕事を始めていた。だから舞台関係は昔のトムスの仲間でやった。

この頃は、ローリー・アンダーソンや、ラウンジ・リザーズのような、ちょっとアバンギャルドなものが面白いなと思うようになっていた時期だった。84年には西武がやっていたウエーブ・レーベルが契約したクラムド・ディスクのツアーもやった。ハネムーン・キラーズやミニマル・コンパクトやレーベルを立ち上げたマーク・ホランダーも来ていた。アメリカやイギリスとは違ったちょっと暗いサウンドは嫌いではなかった。

そのあとに、ビル・ラズウェルとアントン・フィアーとフレッド・フリスのトリオ。これもパルコとのコラボ。ジョニー・サンダース&ハートブレーカーズでは四国にも行った。それから近藤敏則に頼まれた500羅漢というユニット。

アインシュテュルツェンデ・ノイバウテンは六本木WAVEのレーベルで日本デビューするということで、タイアップをした。彼らは、ステージでチェーン・ソウでクズ鉄を切ったり、ハンマーで物を壊したりと、すごく破壊的なサウンドを出すバンドだった。彼らの要求するクズ鉄やジャンクな自動車部品を探して東京を走り回った記憶がある。

そして僕のスマッシュでの最後の仕事、85年に目玉のコスチュームで有名になったレジデンツというユニークな活動をしているグループもやった。六本木のWAVEにいた明石政紀さんといっしょにやったと思う。

京都はトムスの公演を手伝ってくれていた、のちのスマッシュ・ウェストの南部が、シルクホールでやってくれた。イミュレーターの調子が悪く急遽東京から持ってくることになって開演が1時間半押して8時から始まった。東京はパルコのパート3に座布団を敷いてやった。個人的には、ぜひ彼もツアー・メンバーにとお願いしたスネークフィンガーのギターが、アバンギャルドでよかった。当時としてはまだ珍しかったイミュレーターを使ったシーケンス制御の演奏に、スネークフィンガーのギターが絡むという摩訶不思議な感じのライブだった。

結局スマッシュには二年くらいしかいなかった。

❖SIONを見出す❖

僕はスマッシュにいた二年くらいの間にも、このようにいくつものミュージシャンを呼んでいたわけだが、その一方で、自分が権利を持つようなアーティストを見つけたいというのも、ずうっと思っていた。なぜかというと、権利を持つ音楽ビジネスというジョニー野村の言葉がずっと頭の中にあったから。反対に日高は、新しく体験した外タレの事業にどんどん入っていっちゃった。まあ、それは彼にとってはよかったんだけどね。いまのスマッシュの勢いはすごいから。

ともあれ、僕がそんなことを考えていたときに、当時のフィリップスのディレクターが、「こんなアーティストいるんだけど聴いてよ」と言ってきた。日高から回ってきたそのテープを聴いたとたんに、「あ、これはやりたい」と思った。それがＳＩＯＮだった。

これこそジョニーが言っていた、権利を持ってやるに値するアーティストだなと思ったわけ。出版権はよく知っていたシンコー・ミュージックの草野さんに相談した。当時自分で出版社を持っていなかったので、すぐにセブンゴッド・ミュージック（七福神音楽出版）を作り、代表はシンコーにお願いした。もちろん僕にも取り分がちゃんと入るようにサブパブリシャーになった。

それからアルバムをどうしようかという話になって、当時話題になりつつあったインディーズで自主制作盤を作ることにした。バックはほとんど松田文のアコースティック・ギターだけ。ルースターズの花田裕之のギターもちょっとだけ入っていたかな？　とにかく自主制作のアルバムを作った。これは、いまやすごい高い値段がついているらしい。それとシンコー・ミュージックと付き合いのあった名古屋の東海ラジオのディレクターの加藤与佐雄さんに、ＳＩＯＮが一人で喋る、アルバム・タイトルと同じ『新宿の片隅から』という番組も作ってもらった。誰も知らないシンガーの番組をよくやってくれたと思う。

それで「ＳＩＯＮといっしょに独立したい」と日高に言って、スマッシュを辞めた。独立しても事務所がなかったので、細野君の事務所に居候させてもらうことにした。その代わり、細野君の事務所にいた越美晴ちゃんのマネージメントを僕が引き受けることになった。

それからテイチクと契約して、ＳＩＯＮのメジャー1枚めのアルバム『ＳＩＯＮ』を作った。ＳＩＯＮに関しては、他に人がいなかったせいもあるが、当初は僕が全部やっていた。プロモーションもディレクションもほとんど僕が考えた。もうちょっとどうにかしたいと思った詞は、岡本おさみさんに協力してもらった。

レコーディングのバックは基本ルースターズで、スケジュールの都合でベースはロッカーズの穴井仁吉と、松田文のアコースティック・ギター。元ソー・バッド・レビューのチャールズ清水にオルガンをやってもらって、ピアノは小山秀樹、サックスはコンクスで観たことがあったスマイリー。レコーディング・エンジニアは小野セイゲンを通して知り合ったマイケル・チマリングに頼んだ。ビジュアルもみなさんにすごくいいと言われたけれど、お金もけっこうかかっている。あの印象的なビジュアルは、ダイアモンドヘッズと言うデザイン事務所にデザインを頼み、写真は森川昇さんに撮ってもらった。その当時はそれほどでもなかったけれど、皆さんいまはもう大御所になっている。アルバムが完成したあとは外タレみたいにプロモーションのツアーをして回った。日本でこのスタイルを始めたのも僕が最初じゃないかと思う。

❖そしてレーベル運営も❖

SIONだけやっていてもよかったのだが、ビクターにいた高橋研一というのが「SIONのマネージャーをやらせてください」と言ってきたので、あとは彼に任せて、僕はまた別のものを探すことにした。

MODS MAYDAYという、どちらかというとイギリス系やモッズ系の音楽を志向するバンドが集まるようなフェスティバルが80年代始め頃からあってこれが面白いというので、何回か新宿のJAMに観に行った。そこに出ていたのが、ファントムギフトだとか、オリジナル・ラブだとか、コレクターズだとか、ストライクスだとか……。ほかにもいいバンドはいっぱいあったが、その中でもコレクターズは、曲がすごくいいと思った。やっぱり出版事業をやるんだったら、曲がよくないといけないから。それとビジュアルのセンス、着てるものとかにこだわりがあったように思って、コレクターズをやろうと決めた。そしてプロデュースを元はちみつぱいの和田くんに頼んだ。どうせやるんだったら、ＳＩＯＮと同じテイチクで。そういうことであれば、レーベルもちゃんと作ってやりたいと思って、ＢＡＩＤＩＳ（バイディス）レーベルというのを立ち上げた。

ほんとは「これを買え」っていう「Buy this Label」にしたかったのだが、それは、あまりにも露骨だということで、つづりを変えて「ＢＡＩＤＩＳ」に。ちょうどその頃、細野君がやっぱりテイチクで「ノン・スタンダード」レーベルというのをやっていて、たまたま二つ並ぶことになった。

レコード会社はテイチクでいいとして、でも出版はシンコーじゃないなと思って、フジパシフィックミュージック（以下フジパと略）の朝妻一郎さんのところに相談に行った。「こういうバンドやりたいんですけどサポートしてください」とお願いして、コレクターズはフジパで出版を管理してもらうことになった。昨日彼らの映画『さらば青春の新宿ＪＡＭ』を観てきたけど、ＪＡＭで観てマネージングをしたいと言ったことが間違いではなかったと確信できた。

それからもう一つ、ストライクスというバンドもテイチクで出した。コレクターズは熊谷、ストライクスは大州というマネージャーが加わった。

❖ピチカート・ファイヴを売り込め❖

これは僕が細野君の事務所を出て、麻田事務所を設立したあとの話になるが、細野君のところにピチカート・ファイヴというバンドがいて、売れなくて困っている。「なんとかいっしょに売ってよ」と細野君に頼まれた。ピチカートにはパイドパイパーの長門芳郎も関わっていて、長門が彼らの会社グレーテストヒッツというのを作るというので、影で応援することになった。やっぱり出版はフジパに預けることにして。

メンバーの小西康陽のことは、前から知っていた。小西にはコレクターズのプロデュースをしてもらったりもしていたから、それなりに面識はあったのだ。

最初僕が関わり始めたときは、レコード会社はまだソニーだった。ソニー時代は売れても三万枚くらい。いまは違うけれど、あの当時は三万枚の売り上げではだめだったのだ。

ソニーでピチカートを担当していたのは、河合マイケルという男だった。話が横道に逸れるけれど、僕はトムスの最後のほうにスクエアもやっていた。いまはT-スクエアの名で知られるフュージョン・バンドのいちばん初期の頃。当時はラリー・カールトンもときどきやっていたから、その関係でプロデューサーの伊藤八十八さんや、ソニーの宣伝の人から「やってください」という話がきた。「じゃあやりましょう」ということで演奏を観に行ったら、河合マイケルがドラムを叩いていた。そのときに「すっげーいいドラムだな」と思った。そうしたら契約するときに、彼は辞めて「ソニーに就職しました」みたいなことを言う。「なんだよ、僕がいちばんいいと思っていたドラムが辞めちゃうのかよ」とがっかりしていたら、彼がディレクターになってピチカート・ファイヴをやることになった。

その当時彼は、プリンセス・プリンセスもやっていた。ピチカートはアルバムの制作費がバカ高で、それなのに三万枚しか売れないというので、ほんとだったら問題になるところだったのだが、マイケルがプリプリもやっていたから、なんとかうまく帳尻を合わせてくれていたのだ。

87年に出た彼らのソニーでのデビュー・アルバムは僕も長門もすごく好きだったけど、売り上げは芳しくなかった。ソニーは佐々木麻美子のボーカルが弱いのでは?と言ってくる。そこでメンバーを替えることを考えた。MODS MAYDAYのJAMで観たオリジナル・ラブの田島貴男はすごくいいボーカルだと思っていたから、小西が田島を新しいメンバーに入れると言いだしたときに僕は賛成した。小西もJAMには来ていたから、お互いに見知ってはいて、いわゆる社内の仲間みたいな関係ではあったのだ。

こうしてメンバーを入れ替えて新しいアルバムを作ったものの、やっぱりそんなに売れない。結局、ソニーをお払い箱になってしまった。たしかその時点で長門が手を引き、マネージャーは若い森靖貴に変わった。

バンドを続けていくにはレーベルを探さなければいけないということで、コロムビアに話を持っていった。コロムビアのプロデューサーだった飯塚恒雄さんは以前ベッツィ&クリスも担当していて、そのときに僕の曲を使ってくれたりしていたので、昔からよく知っていた。その縁で飯塚さんに相談したら「じゃあうちでレーベルやってみたら」と言ってくれた。それでセブンゴッド・レコードというレーベルを始めた。ほんとうはＳＩＯＮも連れて行きたかったのだが、ＳＩＯＮは新しいところに移るのは嫌だと言うから、ＳＩＯＮ以外のコレクターズ、デルジベット、ウイラード、といった麻田事務所でマネージングしていたアーティストとピチカート全部ひっくるめて、コロムビアに持って行った。こうしてピチカートはコロムビアで1枚アルバムを出したけれど、それでもまだ売れなかった。僕の友達の外国人たちは、みんなすごくいいと言ってくれたのに。

❖ニューヨークからブレイク❖

そんなことをしていた頃に、ニューヨークでハッピー・トラウムに偶然会った。そのときに、「ニュー・ミュージック・セミナーっていうのがあって、すごくいいよ。若いミュージシャンのショーケースになっていて、いろんな人が来るから見に行ったら」と言われた。それならと思って出かけたら、ほんとに面白くて。いまのＳＸＳＷ（サウス・バイ・サウス・ウェスト）の原型みたいなものだった。こちらは音楽だけのイベントだったけれど。

そうか、じゃあここにピチカートを出してみよう。そう思って、その翌年にサイコ・ナイトというのを企画した。日本語の「最高」と英語の「サイコ」とをかけたネーミングだ。ピチカート・ファイヴ、ボアダムス、少年ナイフ、それから近田春夫のあの当時のバンド（ビブラストーンだったかな）。いちばん最初の年はその四つに出演してもらった。ニューヨークのサイコ・ナイトでは、ピチカートは目玉ではなかった。少年ナイフはあの当時でもカルトな人気があった。だから4バンドの中でいちばん人気があったのは少年ナイフだったと思う。なので、まず少年ナイフの承諾をとって、その次はボアダムス。ボアダムスには、何度か名前が出てきた南部が関わっていた。それで南部に「なんか面白そうなバンドだから、ニューヨークに行かない?」と声をかけた。ボアダムスはそろそろ海外での人気が出てきていた頃で、すでにマネージャーの生田君がアメリカでもレコードを出す話を進めていてすんなり決まった。近田のバンドとピチカート・ファイヴはほとんど無名だったから、プロモーションということで参加してもらった。そうしたら意外とウケた。四つともウケた。これはいいやと思ったね。

ただウケただけじゃなくて、ちょうどその年にアメリカのソニーの若いディレクターが観に来ていたか、それともあとでテープを聴いたかして、「ピチカートをやりたい」と言ってきた。

そのソニーのディレクターがなんでピチカートをやりたがったかというと、向こうで松田聖子とかノッコとかをやらされていて、それがすごく嫌だったらしい。ピチカートを観て、同じ日本のものをやるんだったらこっちのほうがいいと思ったようだ。

そのときのオファーは、たしか五百ドルで2曲デモを送るという話だった。五百ドルはもらったものの、とくに何もせず、ありもののレコードの中の曲をそのまま渡した。それはすごく気に入ってもらえたのだが、そのあと「いや、うちの上司がほかの会社にヘッドハントされて行っちゃったんだよね」と言われて……。向こうはけっこうそういうところがあって、上がどこかに行ってしまうと、もう全部御破算になっちゃう。それで結局、そのソニーの話はダメになった。

そこで、次の年もまた行った。とにかくレーベルを作ってもらった手前、売れてもらわなければ困るから。それはもう僕としては賭けで、けっこうお金がかかったからコロムビアと出版のフジパをセットで巻き込んだ。

こうして二年めにやったときに、マタドールという中堅クラスながらちょっと面白いものをやっていたレーベルの人が来て、「やりたい」と言ってくれた。そこから出したら、向こうで二十万枚くらい売れた。

事前にプロモーション会議もやったのだが、向こうは「バンドで来て年に二回くらいツアーをやってほしい」って言う。でも小西のやるバンドって、ほんとにものすごいお金がかかるんだ。高いミュージシャンばかり使うから。だから「いやツアーはできない」と。でも信藤三雄というアート・ディレクターの方がすごくいいビジュアルを作ってくれたので、「とにかくビジュアルで行きたい」と言った。

チラシみたいなものを作って、どこで撒けばいいかというのもいろいろと話し合った。最終的に向こうの連中が「これはもう、ぜったいゲイの集まるところがいい」と言う。それで、ゲイ・バーのようなゲイのたまり場にいっぱい撒いてもらった。もちろんそれだけじゃなくて、ラジオでもすごくかけてもらったし。だから向こうに行くと、ピチカートはラジオで何回も聴いたという人がいっぱいいる。おかげで二十万枚ぐらい売れた。この結果をフィードバックして、日本でも同じくらい売れたのかな？　日本では「渋谷系」みたいな言い方もされたけれど、それはそれでプロモーション的には良かったと思う。

ただもう、ほんとに彼らはお金がかかるので、僕はここで手を引いた。でもまあ売れたから、お金を出してくれたフジパやコロムビアには恩返しができたかなと思っている。

❖日米のアーティストの仲を取り持つ❖

ジョン・ゾーンと初めて知り合ったのは、スマッシュの頃だったと思う。トランペットの近藤等則に頼まれて、500羅漢っていうバンドをやったことがあった。「今度500羅漢っていうバンドをやりたいんですけど、招聘を手伝ってもらえますか？」と言われたのだ。近藤以外のメンバーは、ジョン・ゾーン、アート・リンゼイ、ベースのレック、ドラムが山木秀夫だったか。すごいバンドだった。それが、いわゆるアバンギャルドっぽいものを僕がやったいちばん最初かもしれない。ジョンはこのときに日本が気に入って、日本にしばらく住んでいた。

そういえば、これはどこの企画だったかよく覚えていないけれど、細野君の絡みで、ジェームス・ブラウンとアフリカ・バンバータを日本に呼ぶという話もあった。

細野君がバンバータを呼びたいと言うので、いっしょにニューヨークのバンバータのレコード・レーベルの事務所に行った。最初は電話をしたけれど――それとも、もうメールの時代だったかな？――全然いい返事がもらえなかったので、直接そのレコード・レーベルに行ったのだ。そうしたら、「ほんものが来た」と言ってすぐバンバータに電話してくれた。それでバンバータが来た。

当時のバンバータは殺されることを心配して、知らない人に会いたくないという心境だったみたいだ。あの頃ラップをやってる人が、何人も殺されたりしていたから。それこそ黒人のギャング絡みの事情があったりで。

ともあれ、こうしてバンバータには会えた。その足で細野君はアトランタかどこかに行って、ジェームズ・ブラウンを観て帰った。

そのあとジェームズ・ブラウンと細野君のＦＯＥ（フレンズ・オブ・アース）というバンドで、86年2月に武道館のコンサートもやった。案の定というか、ブーイングがすごかったけれど。日本のジェームズ・ブラウンのファンはわりと保守的で、ＦＯＥの音楽を受け入れてくれなかった。

でも、その来日のときに、細野君はジェームズ・ブラウンといっしょにレコーディングをして、歌を入れてもらっている。細野君のあの時期のことはあんまり知られていないよね？

❖ラウンジ・リザーズとのセッション❖

ピチカートのあとも、ＳＩＯＮの仕事はずっとやっていた。

ＳＩＯＮが2枚めの『春夏秋冬』を録るときに、ちょうどジョン・ルーリーとラウンジ・リザーズが来日していた。マーク・リボーは、アート・リンゼイに代わって、このときに初めて日本に来た。だからこのときのメンバーは、マーク・リボー、エリック・サンコ、サックスがジョン・ルーリー、キーボードがエヴァン・ルーリー、それからドラムがダギー・バウン。ドラムの彼は、ニューヨークでやってる二人組、チボ・マットの本田ゆかと恋仲になって、彼女はそのあといっしょにニューヨークに行った。

彼らはまだ向こうで売れていなかったので、そんなにギャラも高くなかった。それで「レコーディングやる？お金になる仕事だよ」と声をかけたら、「なんでもやるよ」って。こうしてSIONは、ジョン・ルーリー、ラウンジ・リザーズといっしょに、日本で何曲か録った。SIONは対応能力がすごくて、アレンジはジョン・ルーリーやマーク・リボーがやるのだが、それに全然負けずにすごくうまく対応して歌った。

でも、結局曲数が足りなかったので、「じゃあニューヨーク行って録ろう」ということになって、ニューヨークでそのアルバムを完成させた。そのときにビデオも録っていて、監督はジョン・ルーリー。カメラはトム・デチーロといって、ジム・ジャームッシュのカメラをやっていた人。

このビデオにはアート・リンゼイとか、友達がいっぱい出演している。みんな快く引き受けてくれて、日本のアーティストと外国人のアーティストのコラボになった。

こうしてラウンジ・リザーズでアルバムを作って、それが結局2枚めになった。1枚めは、全部九州組で録った『SION』。だから1枚めを録っているときに、ラウンジ・リザーズとも何曲か録っていたことになる。ルースターズの連中も、いまはみんなすごいから。ドラムの池畑潤二も、ベースの井上富雄も、ずいぶん有名なミュージシャンになった。ギターの花田裕之も頑張ってるしね。

SIONは育成費をもらうという契約にしてあったから、そこそこお金にはなった。とはいえ、ジョニーが言うように出版権を持っていても、そんなには売れなかったから……。結果的にピチカートはまあまあ売れたけれど。

❖SXSWでジャパン・ナイト❖

サイコ・ナイトは三年めもやろうと思っていたけれど、肝心のニュー・ミュージック・セミナーがつぶれてしまった。このイベントを主催していたのは、ラップのいちばん初期の頃のソニーのレーベル……アフリカ・バンバータのアルバムも出していたトミー・ボーイのトム・シルヴァーマンだった。そこがニュー・ミュージック・セミナーから手を引いて、イベント自体がなくなってしまったのだ。

実は二年めのときに、「僕たちも同じようなイベントを主催しているのだけど、あなたがやっているような日本のショー・ケースをうちでもやってもらえないかな？」と声をかけてきた人がいた。それがSXSWの関係者だった。でもそのときは、オースティンなんかでやったって、何の意味もないだろうなっていう風に思っていた。

ただニューヨークがつぶれちゃったから、じゃあしょうがない、どんな様子かだけでも見てみようかと思って、一回見に行ったわけ。そうしたらけっこうちゃんとオーガナイズされていた。オースティンには、ガイ・クラークの事務所があった関係で行ったことがあったけれど、その頃とはもう全然違っていた。ちょうどSXSWがだんだん大きくなっていく頃だった。

ニューヨークのニュー・ミュージック・セミナーのほうは、ディスオーガナイズというか、まったくだめだった。場所もころころ変わったりとか。ところがSXSWを見に行ったら、ちゃんとしていた。セミナーの数も多くて、面白そうなセミナーをいっぱいやっていた。「あ、これだったらいいのかな」と思って、その翌年にやってみることにした。そのときはロリータ18号と、パグスというホッピー神山のバンドを連れていった。

ホッピーは、以前から自分のやっている音楽を外国に出したいと言っていたので、誘ってみた。パグスもロリータも、インターナショナル・ナイトみたいなステージに組み入れられて、やったらものすごくウケた。パグスはすぐにレーベル契約になって、そのあとロックの夏の大サーキット、ロラパルーザにも出た。もうとんとん拍子でそこまで行った。

ロリータ18号は、アメリカではだめだったけれど、その翌年か翌々年に、ドイツのBMGと契約して、アルバムを出してもらい、ヨーロッパをツアーした。

そういう風に1回めがうまくいったから、じゃあ翌年からちゃんとジャパン・ナイトとして日本のバンドだけでやろうということになった。それからずうっと関わり続けて、もう二十三年経つ。

❖世界を駆けるガールズ・バンド❖

ロリータ18号は、その頃、うちのBentenレーベルに所属していた。

うちにオードリー木村というのがいてね。彼女は以前は外資系の銀行に勤めていて、音楽をやりたいといって相談にきた。最初は音制連（日本音楽制作者連盟）に紹介したけれど、もっと音楽に関わることをやりたいと言う。「じゃあ自分でレーベルやったら」という提案をした。その頃僕らは、セブンゴッド・レコードをやっていたので、七福神の中には弁天様もいるし、弁天様は女の神様で、音楽の神様だから、女性アーティスト専門のレーベルの名前にはいいんじゃないかと思って、レーベル名はBentenに決めた。

一時期は、けっこうBentenレーベルにはファンも付いて、インディーズの中では面白い存在だった。ロリータもここだったし、ペティブーカもそうだったね。

ロリータがBentenに来て、ニュー・ミュージック・セミナーに出演させるつもりでいたのだが、そちらがつぶれてしまったものでSXSWに変えた。SXSWに出ることが決まって、「だったらレコーディングもオースティンでやろうよ」という話になり、2枚めのアルバムを作った。そちらのほうがずっと安い予算でできたのだ。

SXSWの出演者は僕が選ぶわけじゃなくて、基本的にバンドが自分で申し込む。日本の枠みたいなのが十五から多いときは二十くらいあって（最近はちょっと少なめだけど）、この枠内で選ばれる。その選ばれた中から、「僕らはジャパン・ナイトというのをやってるから、出たい人いますか？」っていう風に募って、6バンドを決める。沖縄のシンガー・ソングライターのＣｏｃｃｏも、これで出た。

ジャパン・ナイトではないけれど、ソニーがいちばん景気いい頃に、日本のソニー・ナイトみたいなのをやって、そこに女の子のデュオ、ＰＵＦＦＹが出ている。ＰＵＦＦＹが出たときに、カートゥン・ネットワークの社長がそれを観て、あの二人をモデルに、『ハイ！ハイ！パフィー・アミユミ』というアニメを作ることにしたという、そんな話もあった。

とくに最初の頃は、うまくいろいろな展開があった。ロリータなんかも何回もツアーに行けたし。ただ、なかなかアメリカのマーケットはたいへんだけどね。

すでにいろんな人が出演しているので、ネットでＳＸＳＷを検索すると、バーッと出てくるはずだ。僕が好きなバンドはいっぱいあるよ。女の子のギタリストのバンドだと、いまはもう解散しちゃった福岡のナンバーガール。彼らは向こうでいちばんウケたかもしれない。向井秀徳が博多弁でばんばん言うんだけど、なによりギターの田渕ひさ子。「彼女はすごい！」ってみんなに言われた。

あとはチャット・モンチーも出ている。デトロイトセブンは僕が好きで連れていった。そのあとヨーロッパを何度もツアーしている。ただギターの菜花知美が結婚して子供ができたので、辞めちゃったけど。いちばん最近だと、ＣＨＡＩがすごくウケて、向こうのレーベルも決まった。

僕はｍｏｎｏっていうバンドもやっている。いちばん最初の頃に、フジパの関係で頼まれて、ドイツのＳＸＳＷと同じようなイベントに連れていった。それから台湾にも行った。いまは自分たちで世界中回っている。だから日本ではあまり活躍する場がないけれど、そういう風に世界中を回ってるバンドはけっこういるよ。ただ、またピチカートぐらい売れるようなバンドをなんとか出したいと思うんだけど、なかなかうまくいかない。

❖音楽産業の変化に対応せよ❖

僕はＳＸＳＷの日本の代表という形でいろいろ動いているのだが、ただやっぱり音楽産業自体がもう変わってきている。システムというか、仕組み自体が。

だから昔みたいに契約して、じゃあレコード会社がサポートしますからツアーやりましょうとか、そういう話はいまはほとんどない。ただ反対に言うと、自分たちでどれだけ努力するかで可能性は生まれてくると思う。自らの力だけで発信できるインターネットというツールがあるわけだから。

ＣＨＡＩなんかはすごく可能性があると思っている。彼女たちはすごく学習能力が高い。だいたいＳＸＳＷが終わると、アメリカをツアーして回るのね。ニューヨークのニッティング・ファクトリーとか、シカゴとか、ずうっと5、6ヵ所回る。「じゃあ終わったからみんなご飯食べに行こう」と言っても、「今日、どことどこがダメだったから、ちょっと反省会します」みたいなことを言っていた。学習能力が高いというか、常に自分たちで課題を見つけて考えている。だから売れてくれればいいなと思っている。

それから、オレスカバンドっていうのもいた。オレスカバンドを大阪で観て、「あ、ぜったいいいよ」と思ってスカウトした。そのあとハリウッドで映画を撮ってもらったりもしたのに、映画が公開されなかった。彼女たちもロラパルーザとかいっぱい出ている。でかいツアーにもすごい出ているし、日本でも売れるかなと思ったんだけど……。

8

ロング・ドライブ　聴かずに死ねるか！

写真：松岡徹也

❖「聴かずに死ねるか」で復活❖

スマッシュを辞めたあとも、ときどき外タレを呼んではいた。頼まれたこともあれば、こんなに良いのに誰もやらないのならという感じで自ら動いたこともあった。すでに話に出てきたラウンジ・リザーズもそうだし、ウクレレ・オーケストラ・オブ・グレート・ブリテンもそう。とはいえ、トムス・キャビンを再開する気になるまでには、ずいぶん時間がかかった。

再スタートは世紀末の1999年。それまで毎年、暮れか正月に昔のトムスの仲間が集まって、忘年会や新年会をやっていた。その席で、「なんかまたやりたいよね」みたいな話になったのだ。あんなに苦労をかけて、お金もそんなに払えていなかったのに。それと同時に、最近は自分たちの聴ける外タレのコンサートがないという話も出て、「昔みたいに自分たちの好きな音楽をみんなで聴きたいよね」みたいなことを言い出す者もいた。それでも僕は「みんな自分たちがどれだけたいへんだったか覚えてるだろ?」と気持ちを抑えていた。ほんとにやるとなったら、お金のことも考えなくちゃいけない。

そんなときにダン・ペンがツアーをやっているというニュースを見つけて、「もしやるんだったらこれだよな」とピンときた。調べてみたら、ダン・ペンとスプーナー・オールダムと二人だけでやっている。もし再開するんだったら、これがいちばん大人だし、二人きりでラクだし、と思った。ちょうど、ロンドンだったかヨーロッパだったかでライブ・アルバムが出た頃だった。ダン・ペンの書いている曲は、昔からO・V・ライトだとか、いろんな人が歌っているし、ソングライターとしての評価も高い。それでみんなに「ダン・ペンをやろうか」と声をかけた。そのときに何かタイトルを付けなきゃと思って、「聴かずに死ねるか」というのを考えた。

プロモーションとしては、初心に戻ってシンガー・ソングライターを前面に出すことにした。コンサート自体もすごくよかった。ダン・ペンはシブい感じで、なんの飾り気もない。スプーナーもよかった。彼はニール・ヤングのバックをやったり、いろいろやっているけれど、すごくおとなしい、いい人だった。

ひさしぶりにトムスでやって、昔からのファンはずいぶん喜んでくださったみたいだった。それはもうほんとうに、来た方みんなに言われた。そればかりじゃなくて、昔から来てくれていた音楽好きの間に、「トムスが再開するらしいよ」という噂がワーッと広まったのだ。

❖本格始動となった2001年❖

翌2000年には、ジミー・ウェッブをやった。彼の書いている曲がすごく好きだったということもあったし、このあたりは昔のようなシンガー・ソングライター・シリーズみたいな感じだったと言える。ジミー・ウェッブの曲はグレン・キャンベルを始めみんな歌っていた。「ガルヴェストン」だとか、「恋はフェニックス」だとか。特に僕の好きなカントリー系の人が歌っている例が多いけれど。

ジミー・ウェッブは、SXSWで観た。一人でホテルのロビーみたいなところでライブをやっていた。それがすっごくよかったので、「あ、これぜったいやろう」と思ってすぐに話に行き、「やりたいんだけど」と交渉して話をまとめた。

2001年になると、マーク・リボー、ダン・ヒックス、ジェフ・マルダー、マリア・マルダー、ジョン・スチュアート、キャレキシコと、ぐんと本数が増えた。

マーク・リボーは、そのあと何度も呼んでいる。SIONのもう1枚のアルバム『I DON'T LIKE MYSELF』（1993年）も、マークと僕のプロデュースでニューヨークで録ったし、ニューヨークに行くといつも彼と会って、いっしょにご飯を食べていた。このときにやった「偽キューバ人」は、すごく人が入ったね。そのあとのダン・ヒックス&ホット・リックスもいっぱい入った。

企画しているのは年寄りばかりみたいな感じなのだけれど、ほんとうは若い人にこういう音楽をもっと聴いてほしいという思いもあった。とは言え、マーク・リボーの偽キューバ人には、すごく若い人も来ていたし、ダン・ヒックスなんかも、けっこう若い人が来た。ダン・ヒックスの場合、ああいう音楽をやっているヒックスヴィルのような日本のバンドの影響もあったのかもしれない。

ジェフ・マルダーとマリア・マルダーは、昔からのよしみ。彼らはソロでもやってもらったし、ジェフ・マルダーズ・ジャグ・バンド・トリオとか、ジェフ＆エイモスとか、ジム・クエスキン・ジャグ・バンドとか、いろいろな形でお世話になっている。

ジョン・スチュアートは元キングストン・トリオだから、そちらの関係のお客さんがたくさん来た。昔のフォークをやっていた人たちが懐かしがってくれたのだろう。そういう音楽をやっているアマチュア演奏家は、いまだにけっこう多いのだ。僕らの世代で再び音楽をやりだしているバンドの数で言ったら、ロックよりも多いんじゃないだろうか。そういう人たちは、曙橋のライブハウス、バック・イン・タウンにもいっぱい出ている。僕もこのあたりが好きなので、自分でもちょこちょこ歌っているけれど。

❖その後のトムス❖

新生トムスの基本コンセプトは、なるべくそんなに大人数じゃないものをということだったので、２００２年にはエリック・カズもやった。エリック・カズもいろんな人にいっぱい曲を歌われているけれど、まだ日本に来たことがなかった。そういう感じで、まだ日本に来たことがない人を呼ぼうというのもポリシーのひとつではある。

コリン・ブランストーンとロッド・アージェントはゾンビーズのメンバーだった二人。僕はゾンビーズが大好きだったから。彼らは最近もまた積極的に活動しているみたい。

ゾンビーズもそうだったけれど、この頃になるとSXSWで観て気に入った人が多くなった。ホット・クラブ・オブ・カウタウンもそうだし、アサイラム・ストリート・スパンカーズもそう。彼らもオースティンのバンドなのだ。

2003年のリンダ&テディ・トンプソンは、僕がリンダ・トンプソンがすごく好きだったから。……というか、夫婦のリチャード&リンダ・トンプソンでやっていたのがすごく好きだった。でも、このときはリンダが声が出なくて、結局息子のテディ・トンプソンが一人でやることになり、入場料を返金することにした。お金はたいへんだったけれど、リンダがメインだから、リンダが歌わないいんだったらしょうがない。でも、テディはいまけっこう活躍している。

キャレキシコはすごく好きで、特にデビュー・アルバムは大好きだった。2001年、2004年、2007年と何度も呼んだ。ウクレレ・オーケストラ・オブ・グレート・ブリテンも大好きなグループ。いまはすごく売れちゃって、なかなか呼べそうにない。ウクレレと言えば牧伸二さん。いささか毛色が違う感じではあるけれど、昔、渋谷の東急でやっていた大正テレビ寄席が大好きだったので、それを真似してパルコでやらせてもらった。クレア&ザ・リーズンズは、お父さんのジェフ・マルダーが「やってやってよ」と言ってきたので……。

ドニー・フリッツ&ザ・デコイズは、マッスルショールズの連中。デヴィッド・フッド（ベース）、スコット・ボイヤー、ケルビン・ホリー（ギター）、N・C・サーマン（キーボード）、マイク・ディロン（パーカッション）など、マッスルショールズ関連のミュージシャンがこれだけまとめて来たことはなかったと思う。ドニー・フリッツとは、1974年の郡山のワンステップ・フェスティバルで会って以来の仲だ。

こんな調子で、いまは「聴かずに死ねるか」の古いミュージシャンと新しいミュージシャンとを適度に交えながらやっている。資金面は相変わらずたいへんだが、みなさんのご協力のおかげで、なんとか続けてこられた。

❖豪雨のハイドパーク❖

トムスの活動とリンクする形で、２００５年、２００６年にはハイドパーク・ミュージック・フェスティバルも開催した。マーク・ベノとエリック・アンダーセンは、このフェスに引っかけて日本ツアーを組んだ。二年めのアサイラム・ストリート・スパンカーズとジョン・コーワン・バンドもそう。

ハイド・パークの構想がどのようにして生まれたかというと、そもそもの始まりは僕がちょうど自転車に乗り始めた頃で、その自転車仲間に音楽好きが二、三人いて、「なんとか狭山で音楽フェスをやってもらえませんかねぇ」みたいなことを言われたのが最初だった。「じゃあちょっと考えてみるよ」と答えて、最終的にああいう形になった。開催した場所は、ほんとうは狭山の稲荷山公園と言うんだけど、通称ハイドパークと呼ばれている。その公園の木がだんだん倒れてきたりして、荒れてきた。ところが整備をする予算がない。僕もほんとうにどうすんのかなと思っちゃうくらい。だから、そこにベネフィットする、収益金を寄付するコンサートをやりたいというのが、まず構想にあった。いちばん差し迫った問題は、塀がすごく腐ってダメになっていたことだったから、まずは塀を作ろうと。いちおう一年めは黒字だったので、お金は出せた。おかげで塀は直った。

狭山の稲荷山公園でフェスをするんだったら、昔狭山に住んでいた連中に出てもらいたいという思いはあった。だから昔狭山に住んでいた細野晴臣とか小坂忠とか……まあ、洪栄龍はいまでも住んでいるけれど、それから岡田徹、トクちゃんこと徳武弘文、和田博己、そういう人たちに声をかけることにした。

細野君はその頃、何年もずっとライブをやっていなかった。だからもしかしたら、細野君がやってくれたらお客さんも来てくれるかな、という期待もあった。

おかげさまで、みなさん快く承知してくれて、２００５年の9月3日、4日に、一回めのフェスを開催することができた。

2005年のハイドパーク・ミュージック・フェスティバルでは、Muddy Greevesというバンドを率いて麻田自らも演奏している。

二日めは、途中ですっごい雨になった。細野君は、もう何年もライブをもやっていなかったから、すごく心配だったみたい。「麻田さん、こんな雨だったらもうやめたほうがいいんじゃないの？」って言うわけ。実際、お客さんも半分くらい帰ってしまった。それでも四千人以上入ったので、二千人くらいは残っていた。

幸いなことに、雨は佐野元春のステージの頃から小降りになって、細野君のときは完全にやんだ。それこそ膝くらいまで水に浸かった子がいっぱいいたんだけれど、細野君が出てきたら、みんな立ち上がって「わー」ってなった。細野君はそれがすごくうれしかったようで、それからまたライブをやるようになった。

僕もみんなが立ち上がって「わー」っと言ったときは、ほんとうに驚いた。やっぱり若い人がたくさんいたのがうれしかった。年寄りはみんなもう寒いし、びしょびしょだしで帰っちゃったから、若い人がいっぱい残っていた。たぶんあそこで初めて細野君のステージを観た人が多かったんじゃないかな？　あのときは高田漣も出ていた。あのバンドがほぼいまの細野君のバンドの中心じゃないかと思う。

そういえばあの子たちも出たよ。いま俳優で売れている星野源のやっていたサケロック。彼らは狭山のもうちょっと先の飯能かどこかの学校に通っていたから、毎朝、毎夕、電車でハイドパークを見ていたと言っていた。あの頃はまだそんなに売れていなかったけれど、いまはもう出てくれって言っても出てくれないんだろうな。

ちなみに僕もウェスタン・スイング・バンドで出演している。トミ藤山さんっていう女性のカントリー・シンガーの方をゲストで紹介したら、みんな驚いていたね。

❖高田渡の思い出❖

二回めは翌年の9月9日、10日。この年は、あがた森魚、遠藤賢司バンド、オレンジ・カウンティ・ブラザーズ、加藤和彦のポーク・クルセダーズといったベテランや、ハンバート・ハンバート、東京ローカル・ホンク、中村まりといった若手に出演してもらった。

遠藤賢司は、ほんとに昔から知っていた。それこそ最初にエリック・アンダーセンが来たときに、エンケンがやっていたワルツというお店が渋谷にあって、そこで記者会見じゃないけれど、何かイベントをやった。フォークつながりというか、エンケンは若い頃からすごく好きだったから、ときどき観に行ったりもしていた。

狭山バンドはフェスのために組んだユニットで、洪栄龍、徳武弘文、和田博己といった狭山にゆかりのあるメンバーを集めた。憂歌団の木村充揮と近藤房之助と有山じゅんじのトリオもよかった。それから、高田渡トリビュートと題して、高田漣を中心に、みんなで高田渡の歌を歌ったりもした。

渡はね、元気だった頃は年に何回か電話が来ていた。「麻田さん、ピート・シーガーいまどうしてるの？」って。渡はピート・シーガーをもう一回日本で観たいって、ずうっと思っていたんだ。

漣がまだ全然売れていない頃に、僕はペティブーカで彼を初めて使った。そのときに「あ、すごくいいな」と思った。それをどこかで渡が聞いて、そのピート・シーガーの話のあとに、「麻田さん、漣を使ってくれてるんだって？」、「うん、すごくいいと思うよ」、「どうかな？　だいじょぶかな？」、「いや、僕はだいじょぶだと思うよ」って言ったら、すごくうれしそうな感じだった。その次の年も電話がかかってきて、今度は漣のことしか言わない。親バカだったね、意外と。

漣を使ったのは、僕がペティブーカのプロデュースをやりだしたときに、今井忍にアレンジを任せたんだけど、彼は漣が小さな子供の頃から知っていたというのもあった。ベースの岡嶋文ちゃんもそうだった。だから漣が何かやりだしたというので、じゃあ漣を使おうよっていう話になった。

そういえば漣は、売れない頃うちのアルバイトをやってくれていたこともあった。デヴィッド・リンドレーのツアーのときだったかな？　ローディーをやってもらった。

あとは有田純弘もそう。バンジョーやギターがうまくて、いまはセッションマンとして大活躍している有田。彼のことも昔からよく知っていたけれど、バークレー音楽院を卒業したのに、義理のお父さんの仕事を手伝わなくちゃいけなくなって、車を毎日運転していた。日本に帰ってきて二年くらいそういう状態だったのかな？ それであるとき相談に来て「僕やっぱり音楽をやりたいんですけど」って。僕はもう簡単に「いいんじゃない、やってみれば。ぜったいだいじょぶだよ」って言った。でも、バンジョーなんてぜんぜん仕事がない。しょうがないから、リンドレーの運転手をやってもらって、機材を運ばせたりした。あとで来て「すごく勉強になりました。ありがとうございました」なんて言っていたっけ。

そういうバイトを有田もやったし、福岡史朗もやっているし、その前には田島貴男もやっていた。トムスでスクエアのマネージャーをやっていた近本が、古いアナログ・レコードを扱うハイファイ・レコードというお店を渋谷でやりだして、田島がまだ全然売れてない頃に、そこでバイトをしていた。だから彼はトムスのライブにはだいたい来て、手伝ってくれたりしていた。90年の大阪花博のときに何かやってほしいと言われて、カーティス・メイフィールドをブッキングしたことがあったんだけど、その担当をしたのが田島だった。このときのカーティス・メイフィールドは、大阪でしか演奏していないはず。

❖二年で終わったハイドパーク❖

ハイドパークは、ほんとうは十年続けるという話だった。十年続けて稲荷山公園に木も植えて、塀もきちっとして、という風に思って企画をしていた。

ところが二年めは赤字になっちゃった。そんなに悪いメンツじゃなかったと思うんだけどね。ただ一年めに成功したから、楽屋に冷房を入れたり、ちょっとぜいたくしちゃったのかな。でも1年めよりも人が入らなかった。

実は、フェスの実行委員会で音楽関係者は僕一人で、ほかは歯医者さんだとか自転車屋さんだとかだった。そういう普通の仕事をしている人たち……自転車のパンクを直して150円、250円っていう商売をしている人たちが、赤字になったぶんを埋めなくちゃならない。家業の時間もけっこう取られるから、奥さんからもたぶん言われていたのだろう。結局三年めはできないということになって、二年で終わってしまった。

だけど、やっぱり続けていかないといけないとは思う。フジロックも、最初の何年かはずっと赤字だったみたい。やっぱり続けていたからあそこまでいけたのだろう。

またフェスをやりたいという気持ちはある。サンフランシスコに、ここしばらく続いているハードリー・ストリクトリー・ブルーグラスという音楽フェスがあるけれど、ものすごいアーティストがいっぱい出ているのに、全員タダで入れる。IT関係で大儲けしたスポンサーがいて、その人がお金を出して入場を無料にしているのだ。

その方が亡くなる前に一回話をしたことがあって、「日本でもやりたいんだけど」と言ったことがあるけれど、実現する前に亡くなってしまった。その人は、亡くなる前にファンドを組んで、あと十年くらい続けられるだけのお金を残しておいた。だからそのフェスはいまだに続いている。

このフェスは、ほんとにすごくて毎年行きたいくらいだけれど、最近は仕事が重なってちょっと行けていない。それでも僕は四回くらい行ったかな。フェスの名前にはブルーグラスと付いているけれど、それ以外のジャンルも多い。僕の知っているミュージシャンもけっこういっぱい出ているし、とてもいいフェスなんだ。

あとはマール・フェスという、ドック・ワトソンの息子の名前を付けたフェスもあって、これもいい。こちらは基本的にブルーグラスが多いんだけれど。こういうフェスに行くと、スポンサーさえつけば僕ももう一度やりたいなという気になるんだ。

❖もっと新しい音楽を❖

これはずっと前からみんなに言っているけれど、トムス・キャビンでやりたくてできなかったのは、キャプテン・ビーフハートと、ヴァン・モリソンと、J・J・ケール。でも、このうちもう二人いなくなってしまった。

J・J・ケールは、ほぼ最後になったロサンゼルス近辺の小さいツアーのときに会いに行った。日本に来てほしいと言ったら、「日本か、遠いからな……」って言われちゃった。そのあと、わりとすぐ亡くなった。

でも、面白いバンドとかいいバンドは、常にたくさん出てきている。最近はブルーノート東京が、ジャズ以外の音楽にも手を出してきた。パンチ・ブラザーズなんかも、僕がやりたいと思っていたのに、先にやられてしまった。もっともパンチは向こうのすごい大きなエージェントに入っているから、交渉するのが難しい。やっぱりそういう意味で言うと、もっと新しい人を探すしかないのだろう。

ただ最近の状況を見ていると、もう日本の若い人たち、特にお客さんは、新しいバンドや面白いバンドを探して聴いてみたいとか、そういうモチベーションがあまりないみたい。売れれば聴きに行くけど、みたいな風に見えてしまうのが気がかりだ。

僕はありがたいことに、SXSWに行って毎回新しい音楽をいっぱい聴いているから、新しい良いバンドもたくさん観ている。

そういえばSXSWでは、五万人くらい入るでっかい会場で、オースティンの人たちのために毎年無料でやるコンサートがある。去年がガース・ブルックス、今年はロス・ロボスで、デヴィッド・ヒダルゴも出ていた。ああいうのも、やってみたいなと思う。前座で出たバンドもすごい面白かったけれど……まあ、日本ではなかなか難しい。

僕がミュージシャンを選ぶときの基準は、やっぱり自分が聴きたいというのがいちばん大きい。自分の聴きたくないものは、たぶんそんなに呼んでない。時々よそから頼まれてやることはあるけれど、デヴィッド・ヒダルゴとマーク・リボーとかは、自分でもずっとやりたかったんだ。

だんだん難しくなっているのは、たとえばパンチ・ブラザーズでも何でも、やろうと思う若い子が、最近はすぐ売れちゃうみたいな傾向がちょっとある。

ピーター・バラカンもライヴ・マジックというフェスを始めた。あそこにも協力はしていて、ピーターにはやりたいものを毎回提案しているし、僕がアメリカに行って観てきて、「こういうのが面白かったよ」という話をしている。

あそこは彼の読者やリスナーの信頼感がすごい。自分が知らなくてもピーターがいいって言うんだったらいいに違いないという部分がある。それはほんとにすごいと思う。僕なんかが言っても誰も耳を貸さないからね。そう思わない？

❖これからはアジアに目を向けるべし❖

最近は中国によく行っている。マーケットとしては、誰が見たって大きいから。

きっかけはマーク・リボーだった。深圳という街の、書店とレコード店とちょっとしたカフェを兼ねたような店をやっている連中が、八百人くらいのキャパの……立ち見だったら千人ぐらい入っちゃうようなB-10というホールを管理していて、そこでマーク・リボーをやりたいと言う。それで、日本のツアーが終わったあとに中国に行った。中国でマーク・リボーが、どんな風に聴かれているんだろうと興味があったから。

深圳は、中国のシリコンバレーとも言われていて、そういう新しいIT系の企業がいっぱい入ってきている。ただ、僕が行ったところは、その中の文化村みたいなところで、深圳といってもほかの場所とはかなり様子が違って、建築家だとか、イラストレーターとかデザイナーといった人たちが、古いビルの中をリノベーションして事務所として使っている。そんな場所にそういうホールがあって、企画運営している女の子がいた。

その子に会いに行ったら「ぜひ協力してほしい」と言われた。「じゃあ来年何やりたいの」って聞いたら、「ジェームズ・ブラッド・ウルマーをやりたい」と。「すごいな、この子たちは！」と思った。それでジェームズ・ブラッド・ウルマーをやることにして、チラシまで作ったんだけど、ウルマーの体調がすぐれずにドクター・ストップがかかってしまった。飛行機に乗ることも許されず、残念ながら中止になってしまった。

去年行って話をしたときに、ちょうどアメリカのバンドがツアーをしていたんだけど、深圳のホールがほぼ満杯になった。「え、こんなに入るんだ！」と驚いた。

確かにあそこはちょっと特殊で、そういうお客さんをうまく育てている印象がある。ちょうど僕が行っていたときも、本屋の横の五十人くらい入るカフェみたいなところでセミナーをやっていた。タイトルが「１９７０年代のドイツのアバンギャルド音楽について」。そういうのを専門にしてる人がちゃんといる。三人の講師がしゃべって、カセットテープもかけたり。たとえばカンのカセットテープだとか。今年はクラフトワークを呼ぶとも言っていた。みんなメモを取ったりしながら熱心に聞いていたから、「へー」と感心した。そんなの日本でやったって、あんなに来ない。とくに女の子がたくさん来ていたのに驚いた。

僕が中国に行っているときに、ちょうどピアノの山下洋輔さんのコンサートもあった。これも満杯で八百人くらい。そのあとにＣＤやらいろんな物販類を売ったのも、すべてソールドアウトになっていた。女の子がダーッといっぱい並んでサインをもらっている。女の子がああいう音楽に興味を示すっていうのが、ちょっと面白い。そのキュレーターというか、ブッキングをしていたのも女の子だった。

さっき言ったアメリカのバンドが、次の日に広州に行くというので、広州まで電車に乗って行ってみたら、こちらの会場は日本のいわゆるライブハウスみたいな小さなところだった。深圳のほうは、恵比寿のガーデンホールぐらいの感じで、広州はもうちょっと普通のライブハウスみたいな感じ。それでも百五十人くらいは入るのかな。こちらもほぼ満杯だった。

そのアメリカ人のバンドに聞いたら、二十箇所ぐらい中国を回るけっこう大きなツアーをやっているという。そういうマーケットがあるのかな？と思った。小野リサさんも中国ではすごい有名人で、かなり大きなホールでツアーをやっているという話を聞いた。ハンバート・ハンバートもこのあいだ行って、けっこうウケていたみだいだから、ああいうのがウケるのかもしれない。

ただ、僕が協力しようとしている深圳のホールはもう全然違って、今年はドイツのクラフトワーク、次に予定していたのがジェームズ・ブラッド・ウルマー、次の日は日本の戸川純といった、すごく濃いラインナップで、面白いことをやっている。特に戸川純は八百枚のチケットが5分で売り切れたと言っていた。

フェスティバルは春と秋と二回あって、春はそういう若干アバンギャルドなのとか、もうちょっとポップなものとかをやっている。秋はほぼジャズ・フェスティバル。スペインだとかドイツだとかの、ちょっとアバンギャルドがかったジャズ・バンドを招聘している。山下さんもそうだった。そういうところに日本のバンドも出演させたら面白いんじゃないかと思っている。

それと、先日中国から台湾に行ったんだけど、台湾でも日本のバンドをやっていて、これもお客さんがいっぱい入っていた。台湾は細野君もすごく入ったっていう。細野君がやったところにも行ったけれど、昔の古い建物をちゃんと活かしたすごくいいホールだった。コンサートを仕切っているのがアケミっていう男の子なんだけれど、彼は沖縄の子で、昔Ｂｅｎｔｅｎのファンで、ＢｅｎｔｅｎのコンサートをL沖縄でやってくれた。

最初はツアーをするとしても、せいぜい香港、台湾、北京、上海くらいからだろう。アメリカのバンドは二十箇所ぐらいやっているのだからすごい。その子たちは日本でまだレコードが出てないけれど、すごくいいバンドだった。日本にも来たい、日本のバンドを連れて中国にも行きたいと言っていた。とにかく、これからはアジアに目を向けないとだめなのかなと思っている。

TOM'S CABIN PROMOTIONAL WORKS

トムス・キャビン招聘リスト

※一部、開催日／開催場所が不明な箇所がございます。ご了承下さい。

◆1976

DAVID GRISMAN QUINTET

5月7、8日：神田共立講堂／11、12日：大阪毎日ホール／14日：京都勤労会館

ERIC ANDERSEN

9月14、15日：東京目黒杉野講堂／18、19日：京都拾得／20日：大阪サンケイホール／21日：金沢北国講堂／22日：名古屋愛知勤労会館／24日：福岡勤労青少年文化センター

NEW GRASS REVIVAL

12月11日：東京読売ホール／12日：札幌大谷会館ホール／13日：仙台歯科医師会館小ホール／14日：名古屋港湾会館／16日：新潟市民会館小ホール／18日：大阪毎日ホール／19日：広島大学集会場／21日：福岡大博多ホール／23日：東京目黒講堂

◆1977

TOM WAITS

1月8、9日：東京久保講堂／11日：札幌道新ホール／12日：仙台ヤマハ花壇ホール／14日：名古屋雲竜ホール／15日：大阪厚生年金中ホール／16日：京都大学西部講堂／17日：福岡明治生命ホール／18日：岡山市民文化ホール／20日：金沢ヤマハセンター／21日：神奈川県民ホール小ホール／22日：渋谷西武劇場

GUY CLARK

4月4日：横浜スカイ・ホール／6日：札幌道新ホール／9日：岐阜市民会館／10日：京都大学西部講堂／11日：福岡明治生命ホール／13日：大阪サンケイホール／14日：岡山文化センター／15、16日：東京久保講堂

GEOFF MULDAUR & AMOS GARRETT

5月5日：東京虎ノ門日消ホール／6日：東京久保講堂／10日：仙台花壇ホール／11日：京都教育文化センター／14、15日：京都拾得／16日：金沢もっきりや／17日・福岡大博多ホール／18日：名古屋雲竜ホール／19日：横浜ヤマハ桜木町センター

MUD ACRES

6月2、3日：東京久保講堂／4日：札幌大谷会館／6日：京都勤労会館／9日：大阪サンケイホール

COUNTRY GAZETTE

6月22日：浜松市民会館／24日：札幌道新ホール／25日：大阪毎日ホール／26日：広島社会福祉会館／28、29日：東京杉野講堂

BRUCE COCKBURN & MURRAY McLAUCHLAN

7月1日：東京赤坂都市センター／2、3日：渋谷西武劇場／5日：札幌大谷会館／7日：金沢ヤマハセンター／9日：東京久保講堂／10日：京都大学西部講堂／11日：福岡大博多ホール／13日：盛岡セロ弾きの小屋／14日：横浜教育会館

JESSE COLIN YOUNG

11月5日：大阪フェスティバル・ホール／6日：早稲田大学記念講堂／8、11日：東京渋谷公会堂／15日：金沢観光会館／17日：福岡大博多ホール／18日：名古屋市民

会館／19日：札幌厚生年金会館

EDDIE TAYLOR

12月10日：東京久保講堂／11日：札幌大谷会館／15日：名古屋中小企業センター／17、18日：京都大学西部講堂／19日：福岡大博多ホール／21日：東京日本教育会館

◆1978

DAVID BROMBERG BAND

1月5日：東京虎ノ門ホール／8日：大阪毎日ホール／9日：札幌道新ホール／11日：金沢北国講堂／14日：福岡少年文化会館／15日：東京久保講堂

LEON REDBONE

2月24日：東京九段会館／25日：横浜ヤマハ桜木町センター／28日：京都磔磔／3月1日：金沢もっきりや

TOM WAITS

3月1、2、3、4、5日：渋谷西武劇場／6日：札幌道新ホール／7日：仙台市民会館小ホール／9日：大阪サンケイホール／11日：福岡少年文化会館／13日：熊本郵便貯金ホール

OTIS CLAY

4月11、13日：東京虎ノ門ホール／12日：大阪フェスティバル・ホール

FLYING BURITTO BROTHERS

5月14、15日：東京九段会館／19日：大阪サンケイホール

LEVON HELM & RCO ALLSTARS

6月8日：東京渋谷公会堂／9日：京都会館／10日：東京日比谷野外音楽堂／11日：札幌市民会館／13日：大阪フェスティバル・ホール／14日：東京久保講堂／16日：福岡勤労青少年文化センター

ERIC ANDERSEN

9月13、19日：東京久保講堂／14日：大阪毎日ホール／16日：広島郵便貯金ホール／21日：京都会館第二ホー

ル／22日：長崎市民文化ホール

NICK GILDER & BABIES

9月21日：東京渋谷公会堂／22、23日：中野サンプラザ／24日：大阪フェスティバル・ホール／28日：名古屋市公会堂

GRAHAM PAKER & RUMOR

9月29、30日：東京中野サンプラザ／10月4日：福岡勤労青少年文化センター／6日：大阪厚生年金中ホール

LARRY CARLTON

10月24日：札幌厚生年金会館／25日：仙台ヤマハ花壇ホール／26日：東京郵便貯金ホール／31日：名古屋雲竜ホール／11月1日：東京郵便貯金ホール／2日：広島郵便貯金ホール／4日：金沢ヤマハホール／5日：大阪フェスティバル・ホール／6日：大博多ホール

JAMES CAR

11月15日：東京久保講堂／16日：東京郵便貯金ホール／20日：大阪サンケイホール／21日：札幌大谷会館

PETER ROWAN & THE RED HOT PICKERS

11月5日：広島大学コンベンション・センター／6日：札幌道新ホール／8日：大阪厚生年金会館／13日：東京サンケイホール／15日：東京社会文化会館

ELVIS COSTERO & ATRACTIONS

11月23日：大阪御堂会館／24日：福岡大博多ホール／27、28日：東京日本教育会館／29、30日：渋谷西武劇場

ELLIOTT MURPHY

12月7、8、9日：新宿ロフト

NED DOHENY

12月15、19日：東京後楽園ホール／18日：大阪サンケイホール

◆1979

HAPPY AND ARTIE TRAUM

1月20、21日：新宿ロフト

THE STRANGLERS

2月13日：福岡青少年文化会館／14日：大阪毎日ホール／15日：京都大学西部講堂／16日：名古屋市公会堂／17、18、19日東京後楽園ホール

JIM KWESKIN

2月16 - 18日

GEOFF MULDAUR & AMOS GARRETT

3月6日〜：横浜／金沢／札幌／京都／長崎／福岡／鹿児島／16、17、18日：新宿ロフト

OTIS CLAY

3月9、10日：東京久保講堂／11日：札幌大谷会館／14日：金沢北国講堂／15日：横浜教育会館／16日：福岡大博多ホール／17日：京都磔磔／19日：大阪サンケイホール

TONY JOE WHITE

5月4、5日：新宿ロフト、他

IAN MATTHEWS

6月15日：札幌厚生年金会館／18日：名古屋雲竜ホール／19日：神奈川県立音楽堂小ホール／21日：大阪サンケイホール／22日：福岡市民会館／23、25日：東京郵便貯金ホール

SUPER SOUL SHOW (Syl Johnson & Ann Peebles & Don Bryant)

7月3日：東京日本青年館／4日：横須賀米軍基地／5日：大阪毎日ホール／6日：札幌道新ホール／7日：京都磔磔／9日：福岡市民会館／10日：東京日本青年館

TALKING HEADS

7月18日：大阪毎日ホール／19、20日：東京日本青年館／21日：京都大学西部講堂／22日：福岡九電記念体育館

XTC

8月20、21日：東京九段会館／22日：京都大学西部講堂／23日：大阪御堂会館

O. V. WRIGHT

9月17日：東京中野サンプラザ／20日：札幌大谷会館／21日：宮城県民大ホール／22日：大阪毎日ホール／24、25日：京都礫礫／26日：福岡大博多ホール／27日：名古屋勤労会館／28日：東京渋谷公会堂

NICK GUILDER & BABIES

10月20日：大阪万博ホール／26日：名古屋市公会堂／27日：東京郵便貯金会館

GRAHAM PAKER & RUMOR

10月21日：大阪万博ホール／22、28日：東京芝郵便貯金ホール／24日：東京中野サンプラザ／26日：福岡郵便貯金ホール／27日：名古屋市公会堂

B-52'S

11月30日、12月1、2日：渋谷西武劇場／4日：京都礫礫

THE STRANGLERS

12月10日：札幌大谷会館／11日：名古屋市公会堂／12日：福岡都久志会館／13、16日：東京後楽園特設テント／14日：大阪毎日ホール／15日：京都大学西部講堂

◆1980

LARRY CARLTON

1月10日：NHKホール／11日：仙台県民会館大ホール／12日：渋谷公会堂／13日：新潟県民会館大ホール／16日：福岡郵便貯金ホール／17日：京都会館第一ホール／18日：横浜県民会館大ホール／21日：大阪サンケイホール／22日：名古屋港湾会館／23日：札幌厚生年金会館

Others：TITO PUENTE & LATIN PERCUSSION ORCHESTRA

【トムス休止期】

Ramones（QXクリエーション）

6月27、28、29日：渋谷西武劇場／7月1日：名古屋雲竜会館／7月2日：京都会館別館ホール／7月3日：大阪スタジオあひる／7月4日：福岡大博多ホール

◆1980〜1985（ジェニカ／SMASH）

Dave Edmunds＼Lounge Lizards＼500羅漢＼John Zone & Art Lindsey＼The Band＼Laurie Anderson＼Dr. John＼Bill Laswell & Anton Fier & Fred Frith＼George Thorogood & The Destroyers＼Otis Clay＼David Grisman＼John Lee Hooker & The Coast To Coast Blues Band With Robert Cray＼Johnny Thunders＼Loudon Wainright & Richard Thompson＼Curtis Mayfield＼Los Lobos＼Dream Syndicate＼Residents＼Toy Dolls＼Nick Cave & The Seeds＼Ice House＼David Lindley & El Layo X＼Albert Collins & Pee Wee Clayton＼Rain Parade＼Untachables＼Jackson Browne＼Little Milton＼Philip Glass Ensemble＼Bill Monroe & His Blue Grass Boys＼Clarence Carter＼Richard Thompson Band ＼Einstürzende Neubauten＼Aswad＼Boys Of The Lough＼Ovations

◆1985〜1998（麻田事務所）

James Brown & Foe＼Peter Case＼Victoria Williams & Peter Gallway＼ The Trio Bulgarka＼Lamin Konte＼J.d. Souther＼Bruce Cockburn＼Annie Haslam＼Amina＼Modern Folk Quartet＼Malia Muldaur＼The Dillards＼Dan Hicks &Acoustic Warriors＼Phoebe Snow＼Peter Gallway & Aztek Two Steps＼Curtis Mayfield＼Livingston Taylar＼Laurie Lewis＼The Jug Band (Geoff & Malia Muldaur, Fritz Richmond, Kenny Kossek, Steve Bruton, Bill Keith) ＼Ukulele Orchestra Of Great Britain＼Medeski Martin&Wood＼John Loulie National Orchestra＼Marc Ribot & Shrek＼David Lindley & Wally Ingram

【トムス再開後】

◆1999

DAN PENN & SPOONER OLDHAM
12月4日：東京九段会館／6日：福岡ドラムロゴス／8日：大阪近鉄劇場／9日：東京読売ホール

◆2000

JIMMY WEBB
10月16日：東京三宅坂ホール／18日：東京ゆうぽうと簡易保険ホール

◆2001

MARC RIBOT & Y LOS CUBANOS POSTIZOS
1月18日、19日：東京渋谷クラブクアトロ／20日：金沢市民芸術村／21日：大阪心斎橋クラブクアトロ／23日：札幌ベッシーホール

DAN HICKS & THE HOT LICKS
2月12日：大阪心斎橋クラブクアトロ／13日：名古屋クラブクアトロ／14、15日：東京渋谷クラブクアトロ

GEOFF MULDAUR
2月21日：東京吉祥寺スターパインズカフェ／22日：横浜サムズアップ／23日：大阪ミューズホール／24日：金沢もっきりや／25日：山口法界寺／27日：福岡CBGBジャパン／28日：長崎サクラハウス／3月2日：広島Live cafe jive／4日：名古屋TOKUZO／7日：仙台サテンドール／9日：北海道鶴居村ヒッコリーウィンド／10日：札幌Juju／11日：東京下北沢ラ・カーニャ

MARIA MULDAUR
7月29日：東京吉祥寺スターパインズカフェ／他、大阪／福岡／金沢

JOHN STEWART
11月19日：名古屋ボトムライン／20日：京都磔磔／21日：横浜サムズアップ／24日：東京下北沢ラ・カーニャ

CALEXICO

12月13日：東京ゼップ／15日：大阪心斎橋クラブクアトロ／18日：東京渋谷クラブクアトロ

◆2002

COLIN BLUNSTONE & ROD ARGENT

1月31日：東京吉祥寺スターパインズカフェ／2月2日：大阪心斎橋クラブクアトロ

DAVID LINDLEY & WALLY INGRAM

4月4日：沖縄クラブDセット／6日：東京吉祥寺スターパインズカフェ／7日：静岡ファイブ・ダラー／8日：金沢もっきりや／10日：山口CS赤れんが／11日：福岡ドラムロゴス／12日：広島クラブクアトロ／14日：京都磔磔／15日：神戸チキンジョージ／16日：名古屋TOKUZO／17日：横浜サムズアップ

MARK RIBOT

5月20日：東京青山CAY／21日：名古屋TOKUZO／22日：金沢もっきりや／23日：京都CAFÉ INDEPENDENT／24日：大阪CLUB DAWN／25日：東京青山CAY／26日：札幌中村楽気店

HOT CLUB OF COWTOWN

5月28日：大阪心斎橋クラブクアトロ／29日：広島クラブクアトロ／30日：京都カフェ・アンデパンダン／6月1日：金沢もっきりや／3日：東京渋谷クラブクアトロ

ERIC SCHOENBERG

7月12日：神戸ロッコーマン4Fホール／14日：東京下北沢ラ・カーニャ

ERIC KAZ

9月5日：大井町きゅりあん1F小ホール／6日：神戸チキンジョージ／7日：金沢もっきりや／8日：京都磔磔／10日：広島Live cafe jive／11日：山口ラグタイム／12日：横浜サムズアップ／15日：札幌くう

◆2003

DAVID LINDLEY & WALLY INGRAM

10日：静岡浜石祭り／11日：名古屋TOKUZO／13日：金沢もっきりや／14日：神戸チキンジョージ／16日：広島クラブクアトロ／17日：福岡ドリーム・ボート／18日山口市民会館小ホール／20日：京都磔磔／21日：東京駒場エミネンス・ホール／22日：横浜サムズアップ

ASYLUM STREET SPANKERS

6月17日：横浜サムズアップ／20日：京都磔磔／21日：金沢市民芸術村／22日：神戸チキンジョージ／23日：広島クラブクアトロ／24日：山口法界寺／25日：福岡住吉神社・能楽殿／27日：大阪住吉大社"SUMIYOSHI SIDESHOW"／28日：名古屋TOKUZO／29日：東京渋谷クラブクアトロ

JON SHOLLE

11月21日：東京原宿Blue Jay Way

LINDA & TEDDY THOMPSON

11月30日：横浜サムズアップ／12月2日：広島Live Cafe JIVE／4日：神戸チキンジョージ／6日：金沢もっきりや／7日：京都磔磔／8日：名古屋TOKUZO／10日：東京大井町きゅりあん ※同年7月の公演はキャンセル。

MODERN FOLK QUARTET

12月12日：横浜サムズアップ／13日：東京原宿Blue Jay Way／15日：大阪梅田バナナホール／17日：金沢もっきりや／18日：名古屋ボトムライン／21日：東京曙橋バックインタウン

◆2004

CALEXICO

2月10日：京都磔磔／11日：大阪心斎橋クラブクアトロ／12日：渋谷AX／13日：横浜サムズアップ／15日：東京渋谷クラブクアトロ

THE UKULELE ORCHESTRA OF GREAT BRITAIN

3月4日：広島クラブクアトロ／5日：大阪心斎橋クラ

ブクアトロ／6日：名古屋クラブクアトロ／7日：東京渋谷クラブクアトロ

GEOFF MULDAUR'S JUG BAND TRIO

4月16日：札幌クラップスホール／17日：北海道鶴居村ヒッコリーウィンド／18日：仙台サテンドール／20日：横浜サムズアップ／21日：名古屋TOKUZO／22日：大阪梅田バナナホール／24日：広島クラブクアトロ／25日：山口法界寺／27日：金沢もっきりや／28日：京都磔磔／30日：東京大井町きゅりあん1F小ホール

牧伸二

9月27日：渋谷クラブクアトロ

HOT CLUB OF COWTOWN

10月11日：東京渋谷クラブクアトロ／12日：名古屋TOKUZO／13日：金沢もっきりや／15日：広島クラブクアトロ／16日：大阪梅田バナナホール／17日：横浜サムズアップ

JANET KLEIN AND HER PARLOR BOYS

11月13日：横浜サムズアップ／14日：京都磔磔／16日：広島クラブクアトロ／17日：大阪梅田バナナホール／18日：名古屋TOKUZO／20日：原宿Blue Jay Way

◆2005

DAN HICKS & THE HOT LICKS

2月20日：札幌ベッシーホール／22日：渋谷クラブクアトロ／23日：広島クラブクアトロ／24日：名古屋クラブクアトロ／25日：大阪梅田バナナホール／27日：東京渋谷クラブクアトロ

DAVID LINDLEY

4月13日：札幌エル・マンゴ／14日：東京大井町きゅりあん小ホール／15日：名古屋TOKUZO／16日：京都磔磔／17日：神戸チキンジョージ／19日：佐賀RAG-G／20日：長崎ncc&スタジオ／21日：熊本フェリシア／23日：山口Cafe de DADA／24日：広島Live Cafe JIVE／26日：横浜サムズアップ／27日：沖縄クラブDセット

HYDEPARK MUSIC FESTIVAL 2005

9月3、4日：埼玉県狭山市稲荷山公園（細野晴臣、小坂忠、鈴木茂、鈴木慶一／鈴木博文／武川雅寛、洪栄龍、麻田浩&Muddy Greeves、松田幸一、佐野元春&ザ・ホーボー・キング・バンド、森山良子、ブレッド&バター、ラストショウ、アーリー・タイムス・ストリングス・バンド、岩渕まこと、センチメンタル・シティ・ロマンス、高野寛&佐橋佳幸、斎藤誠、小谷美紗子、大川タケシ、中川五郎、宮武希、ハンバート・ハンバート、テキーラ・サーキット、ラリーパパ・アンド・カーネギーママ、SAKEROCK、エリック・アンダーセン、マーク・ベノ）

ERIC ANDERSEN

8月27日：北海道鶴居村ヒッコリーウィンド／28日：札幌ベッシー・ホール／29日：仙台サテンドール2000／31日：神奈川県茅ヶ崎Froggies／9月4日：埼玉県狭山市稲荷山公園／5日：金沢もっきりや／6日：名古屋TOKUZO／7日：京都拾得／8日：神戸チキン・ジョージ／9日：山口Cafe de DADA／11日：長崎ムーンシャイン／12日：熊本フェリシア／13日：福岡ドリームボート／15日：広島Live cafe JIVE／16日：大阪梅田バナナホール／17日：東京下北沢ラ・カーニャ／18日：横浜サムズアップ

MARC BENNO

9月3日：埼玉県狭山市稲荷山公園／5日：横浜サムズアップ／7日：大阪梅田バナナホール／8日：京都磔磔／10日：東京渋谷クラブクアトロ／11日：札幌クラップスホール／12日：仙台サテンドール2000

MODERN FOLK QUARTET

12月15日：横浜サムズアップ／17、18日：東京曙橋バックインタウン／19日：大阪梅田バナナホール／20日：金沢もっきりや

◆2006

PHAT PHUNKTION

2月1日：東京渋谷クラブクアトロ／3日：大阪心斎橋クラブクアトロ

FRITZ RICHMOND TRIBUTE
4月2日：東京渋谷デュオ・ミュージック・エクスチェンジ

JIM KWESKIN
4月3日：大阪アナザードリーム／4日：京都磔磔／6日：金沢もっきりや／8日：東京下北沢ラ・カーニャ

JANET KLEIN
4月18日：横浜サムズアップ／20日：広島クラブクアトロ／21日：松山Monk／22日：金沢もっきりや／23日：大阪心斎橋クラブクアトロ／24日：東京渋谷クラブクアトロ

JOHN MILLER
6月3日：松山cafe SPANKY／5日：金沢もっきりや／6日：京都磔磔／7日：名古屋TOKUZO／8日：横浜サムズアップ／10日：東京下北沢ラ・カーニャ

HYDEPARK MUSIC FESTIVAL 2006
9月9、10日：埼玉県狭山市稲荷山公園（ハンバート・ハンバート、中村まり、ハンズ・オブ・クリエイション、オレンジ・カウンティ・ブラザーズ、あがた森魚、高田渡トリビュート、Asylum Street Spankers、向井秀徳アコースティック&エレクトリック、伊藤銀次 with Friends（杉真理&村松邦男）、東京ローカル・ホンク、湯川潮音、bonobos、Double Famous、狭山バンド（洪 栄龍、徳武弘文、和田博己、林 敏明、岩渕まこと、他）、ブルース・タイム（木村充揮、近藤房之助、有山じゅんじ）、John Cowan Band、遠藤賢司バンド、ポーク・クルセダーズ）

JOHN COWAN BAND
9月7日：大阪アムホール／8日：北九州パレス1F小ホール／9日：大分生石『かんたん倶楽部』／10日：埼玉県狭山市稲荷山公園／11日：東京渋谷クラブクアトロ／12日：名古屋守山文化小劇場

ASYLUM STREET SPANKERS
9月9日：埼玉県狭山市稲荷山公園／11日：金沢もっきりや／12日：大阪心斎橋クラブクアトロ／13日：広島クラブクアトロ／14日：京都磔磔／15日：名古屋TOKUZO

／17日：東京渋谷クラブクアトロ／18日：横浜サムズアップ

HAPPY & ARTIE TRAUM

11月2日：横浜サムズアップ／3日：大阪 5th street／4日：名古屋TOKUZO／5日：東京下北沢ラ・カーニャ／7日：東京曙橋バックインタウン

◆2007

CALEXICO

1月19日：福岡Soul Bird／20日：岡山John Bull Hall／23日：金沢市民芸術村ミュージック工房／24日：大阪心斎橋クラブクアトロ／25日：名古屋クラブクアトロ／27日：東京渋谷クラブクアトロ

IRON & WINE

1月26日：東京渋谷 O-NEST

TONY JOE WHITE

4月15日：札幌クラップスホール／16日：東京渋谷クラブクアトロ／17日：大阪心斎橋クラブクアトロ／19日：横浜サムズアップ

AMOS GARRETT

5月12日：東京下北沢ラ・カーニャ／13日：横浜サムズアップ／14日：名古屋TOKUZO／15日：京都磔磔／17日：広島クラブクアトロ／18日：山口スタジオ・ダダ／20日：宮崎New Retro Club／21日：熊本フェリシア／22日：福岡ROOMS／23日：松山Spanky／24日：神戸ウィンターランド／26日：金沢もっきりや／27日：大阪5th Street／30日：仙台サテンドール2000／31日：函館金森ホール／6月1日：札幌ペニーレーン24／2日：北海道鶴居村ヒッコリーウインド／3日：下北沢ラ・カーニャ／4日：東京中目黒楽屋

EDDIE & MARTHA ADCOCK WITH TOM GRAY

12月9日：渋谷JZ Brat／10日：東京下北沢ラ・カーニャ／11日：横浜サムズアップ／12日：札幌くう／13日：名古屋TOKUZO／14日：大阪アナザードリーム／15日：神戸ロッコーマン・ホール／16日：福岡多百年蔵

◆2008

MARIA MULDAUR

2月19日：熊本フェリシア／20日：福岡博多百年蔵／21日：広島クラブクアトロ／24日：神戸ウィンターランド／25日：京都磔磔／26日：横浜サムズアップ／28日：函館金森ホール／29日：札幌ジャスマックプラザ ザナドゥ／3月1日：仙台市市民活動シアター／2日：東京曙橋バックインタウン／4日：大阪アナザードリーム／5日：名古屋TOKUZO／6日：東京渋谷クラブクアトロ

CHRIS HILLMAN & HERB PEDERSEN

5月11日：東京曙橋バックインタウン／12日：大阪アナザードリーム／13日：名古屋TOKUZO／14日：東京下北沢ラ・カーニャ／15日：横浜サムズアップ／16日：札幌クラップスホール／18日：東京曙橋バックインタウン

GEOFF MULDAUR

5月29日：横浜サムズアップ／30日：名古屋TOKUZO／31日：京都磔磔／6月1日：神戸ウィンターランド／3日：広島クラブクアトロ／4日：福岡ROOMS／5日：熊本フェリシア／6日：山口CAFE DE DADA／8日：大阪アナザードリーム／9日：金沢もっきりや／11日：東京渋谷デュオ・ミュージック・エクスチェンジ／12日：仙台サテンドール2000／13日：札幌ジャスマックプラザ・ザナドゥ／15日：北海道鶴居村ヒッコリーウィンド

DAVID ROBERTS

10月4日：東京渋谷クラブクアトロ／6日：大阪心斎橋クラブクアトロ／7日：名古屋クラブクアトロ／8日：東京渋谷クラブクアトロ

◆2009

CLARE & THE REASONS

2月5日：横浜サムズアップ／7日：金沢もっきりや／9日：大阪心斎橋クラブクアトロ／10日：広島クラブクアトロ／11日：京都磔磔／12日：名古屋TOKUZO／13日：東京渋谷クラブクアトロ

AMOS GARRETT

4月11日：東京渋谷クラブクアトロ／12日：金沢もっき

りや／14日：大阪アナザードリーム／15日：広島クラブクアトロ／16日：熊本フェリシア／17日：福岡ROOMS／18日：岡山MO:GLA／20日：神戸ウィンターランド／21日：京都磔磔／22日：名古屋TOKUZO／23日：横浜サムズアップ／25日：仙台サテンドール2000／26日：札幌ペニーレーン／29日：北海道鶴居村ヒッコリーウィンド

DAN HICKS & THE HOT LICKS

5月27日：東京渋谷クラブクアトロ／28日：仙台サテンドール2000／29日：札幌バディ・バディ／30日：金沢市民芸術村ミュージック工房／6月1日：福岡ROOMS／2日：大阪アナザードリーム／3日：名古屋TOKUZO／5日：横浜サムズアップ

DONNIE FRITTS & THE DECOYS

9月27日：仙台ダーウィン／28日：渋谷O-EAST／29日：横浜サムズアップ／10月1日：名古屋クラブクアトロ／2日：大阪ビッグキャット

◆2010

GEOFF MULDAUR & AMOS GARRETT

9月24日：横浜サムズアップ／25日：名古屋TOKUZO／26日：金沢もっきりや／27日：心斎橋クラブクアトロ／29日：広島クラブクアトロ／30日：熊本フェリシア／10月1日：福岡ROOMS／4日：山口CAFE DE DADA／5日：岡山MO:GLA／6日：京都磔磔／8日：東京渋谷クラブクアトロ／9日：仙台サテンドール2000／10日：札幌ターミナルプラザことにPATOS／11日：北海道鶴居村ヒッコリーウィンド

◆2011

CHIP TAYLOR

1月23日：東京コットンクラブ／25日：横浜サムズアップ／26日：名古屋TOKUZO／27日：大阪アナザードリーム／28日：京都磔磔

ALISON BROWN QUARTET

10月7日：神奈川県鎌倉比企谷妙本寺／9日：富山フォルツア総曲輪4Fライブホール／10日：大阪アナザード

リーム／11日：名古屋TOKUZO／13日：東京渋谷マウントレイニーホール

STANLEY SMITH

10月6日：広島クラブクアトロ／7日：大分BRICK BLOCK／9日：福岡モダン・タイムス／11日：京都磔磔／12日：横浜サムズアップ／14日：東京渋谷クラブクアトロ

Dr.K還暦記念 LET'S SWAMP TOUR with Special Guests Gerry McGee & Marc Beno

10月23日：横浜サムズアップ／27日：大阪ジャニス／28日：名古屋ボトムライン／30日：東京渋谷マウントレイニーホール

MODERN FOLK QUARTET

11月3日：神戸ウィンターランド／4日：名古屋TOKUZO／5、6日：東京曙橋バックインタウン

◆2012

DAVID BROMBERG

4月13日：仙台RENSA／15日：札幌ターミナルプラザことにPATOS／16日：名古屋TOKUZO／17日：大阪ジャニス／18日：福岡ゲイツセブン／19日：東京渋谷クラブクアトロ

FLORIN NICULESCU

7月30日：東京渋谷区文化総合センター大和田さくらホール／31日：大阪アナザードリーム／8月2日：名古屋TOKUZO／3日：静岡袋井マムゼル／4日：神奈川県藤沢市民会館小ホール／6日：渋谷JZ Brat

◆2013

THE JIM KWESKIN JUG BAND

4月10日：大阪ビッグキャット／12日：日本橋三井ホール／13日：横浜JUG BAND FESTIVAL vol.12

JIM KWESKIN & GEOFF MULDAUR

4月14日：金沢もっきりや／16日：京都磔磔／18日：

名古屋TOKUZO／19日：横浜サムズアップ／21日：札幌ペニーレーン24

MARC RIBOT'S CERAMIC DOG
5月1日：東京渋谷クラブクアトロ／2日：名古屋クラブクアトロ／3日：大阪梅田クラブクアトロ

◆2014

MARC RIBOT'S THE YOUNG PHILADELPHIANS
7月26日：名古屋クラブクアトロ／28日：東京渋谷クラブクアトロ／29日：大阪梅田クラブクアトロ

ITALIAN SURF ACADEMY
9月23日：東京イタリア文化会館／24日：金沢もっきりや／26日：大阪梅田クラブクアトロ

CHARLIE McCOY
10月14日：東京吉祥寺スターパインズカフェ

STANLEY SMITH
10月17日：福岡ルームス／18日：大阪梅田クラブクアトロ／21日：金沢もっきりや／22日：名古屋TOKUZO

◆2015

HAPPY TRAUM
4月1日：東京曙橋バックインタウン／6日：京都磔磔／7日：金沢もっきりや／8日：横浜サムズアップ

JIM KWESKIN & SAMOA WILSON
6月10日：横浜サムズアップ／11日：名古屋TOKUZO／12日：大阪アナザードリーム／14日：岡山城下公会堂／15日：福岡ゲイツセブン／18日：京都拾得／19日：金沢もっきりや／21日：東京曙橋バックインタウン

TOWER OF FUNK
10月26日：東京渋谷クラブクアトロ／28日：大阪梅田クラブクアトロ／29日：名古屋クラブクアトロ

EIRE JAPAN (PADDY KEENAN, FRANKIE GAVIN, 城田純二)
10月25日：池上実相寺／26日：金沢もっきりや／27日：大阪アナザードリーム／28日：名古屋クラブクアトロ／29日：東京吉祥寺スターパインズカフェ／31日：京都永運院

◆2016

KAZUHIRO INABA AND BLUEGRASS BUDDIES
10月12日：東京渋谷マウントレイニーホール、16日：神戸酒心館ホール

MODERN FOLK QUARTET
11月21日：名古屋クラブクアトロ／22日：大阪梅田クラブクアトロ／23日：金沢もっきりや／26、27日：東京曙橋バックインタウン

◆2017

FLORIN NICULESCU
2月11日：東京代官山Hillside Plaza／15日：東京曙橋バックインタウン／16日：東京六本木クラップス

DAVID HIDALGO & MARC RIBOT DUO
5月16日：大阪梅田クラブクアトロ／17日：名古屋クラブクアトロ／18日：東京渋谷クラブクアトロ

◆2018

MARC RIBOT'S CERAMIC DOG
7月23日：大阪梅田クラブクアトロ

JANET KLEIN & HER PARLOR BOYS
10月24日：東京渋谷クラブクアトロ／25日：大阪梅田クラブクアトロ／26日：福岡Gate's7

TOM'S CABIN PROGRAM GALLERY

トムス・キャビン オリジナル・プログラム

撮影：星野俊　解説：麻田浩

トムス・キャビンがプログラムに力を入れていたことは、往年のトムス・ファンであれば周知の事実。単純に写真を並べるだけでなく、バイオグラフィやディスコグラフィ、論評、漫画、相関図など、もはや雑誌（しかもパロディ！）のような凝った仕上がりが素晴らしい。

デヴィッド・グリスマン・クインテット（1976年）

▶トムスの最初のツアーのプログラム。表紙はワークショップ MU!! の真鍋立彦。中身は僕とアシュラで編集。インタビューや系図、メンバーのバイオは、日本のブルーグラス・プレイヤー達によるもの。

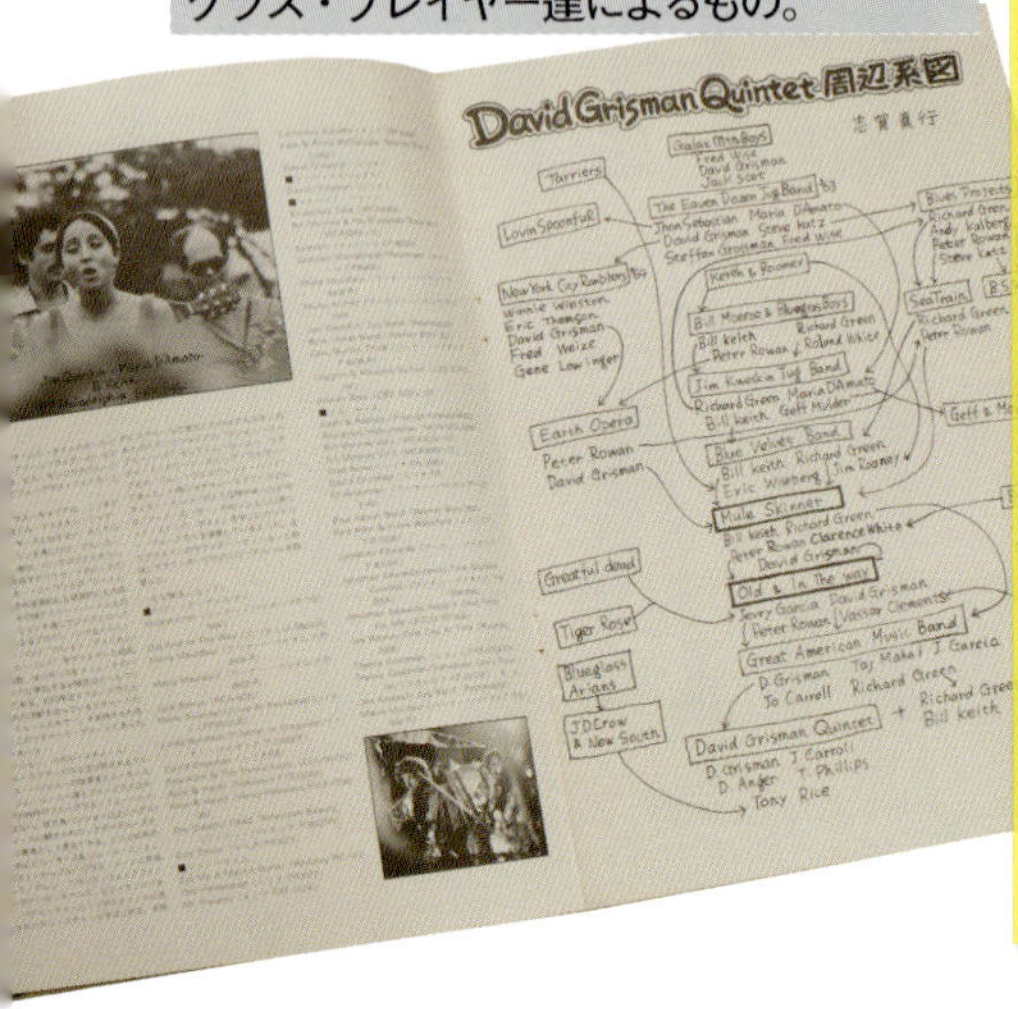

エリック・アンダーセン（1976年）

▲トムスの SSW 路線のスタートはエリック・アンダーセン。中川五郎、金森幸介などが執筆している。このツアーから VAN ジャケットが T シャツを作ってくれた。及川正通さんのポスター付き。

トム・ウェイツ（1977年）

▶この時からプログラムはパロディ・シリーズに。トム・ウェイツは「LIFE」。LIFEをLIVEと変えた表紙だったが、クレームが来た。ポスターは八木康夫。コラージュ・ページも楽しい。

ジェフ・マルダー＆エイモス・ギャレット（1977年）

▲「ナショナル・ランプーン」紙のパロディ。表紙とVANの広告は麻田が書いた。一色と八木のイラスト付き対訳は大作。またポスターはEVシュミットに書いてもらった。Tシャツも同じものをアメリカで作った。

ガイ・クラーク（1977年）

▲サンフランシスコの「City」マガジンのパロディ。クロスパズルの正解者にはスポンサーだったロンソンのライターが当選。アシュラのテキサス料理の作り方、一色真由美の歌詞の対訳も。

マッド・エイカーズ（1977年）

▲絶対やりたかった「MAD」マガジンのパロディ。アシュラが書いたMAD風表紙にはMADマガジンのキャラクター、アルフレッドEニューマンが入ってる。VANのデザイナーも乗ってくれてMAD風裏表紙（左）を作ってくれた。

ジェシ・コリン・ヤング（1977年）

▲本物の「TIME」マガジンだと思った友人がいたくらい、Have a Good TIME with Jesse Colin Youngと書かれた表紙は色や文字も本物そっくりに作った。「Timeの表紙になった」とJ C Youngも喜んだ。

ブルース・コバーン＆マレー・マクローラン（1977年）

▲1900年初頭のSears,Robuck and Co.の表紙のパロディ。ただこの頃になるとこれがシアーズ＆ローバックのパロディとはわからない人が多く、あまり意味がないかなと思い始めた。LA支局のキンメルのインタビュー入り。

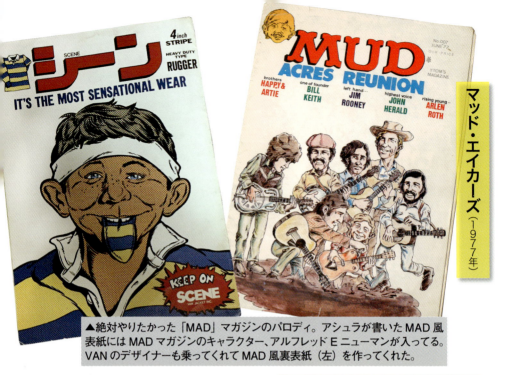

デヴィッド・ブロムバーグ・バンド（1978年）

▶パロディは面白がってくれる人がいないとやる意味がないと思い、ブロムバーグ・バンドは八木康夫のイラストが表紙。6ページに渡るインタビューは一色真由美の訳。今だから言えるが当時彼女はワーナーの社員だった。

レヴォン・ヘルム&RCOオールスターズ（1978年）

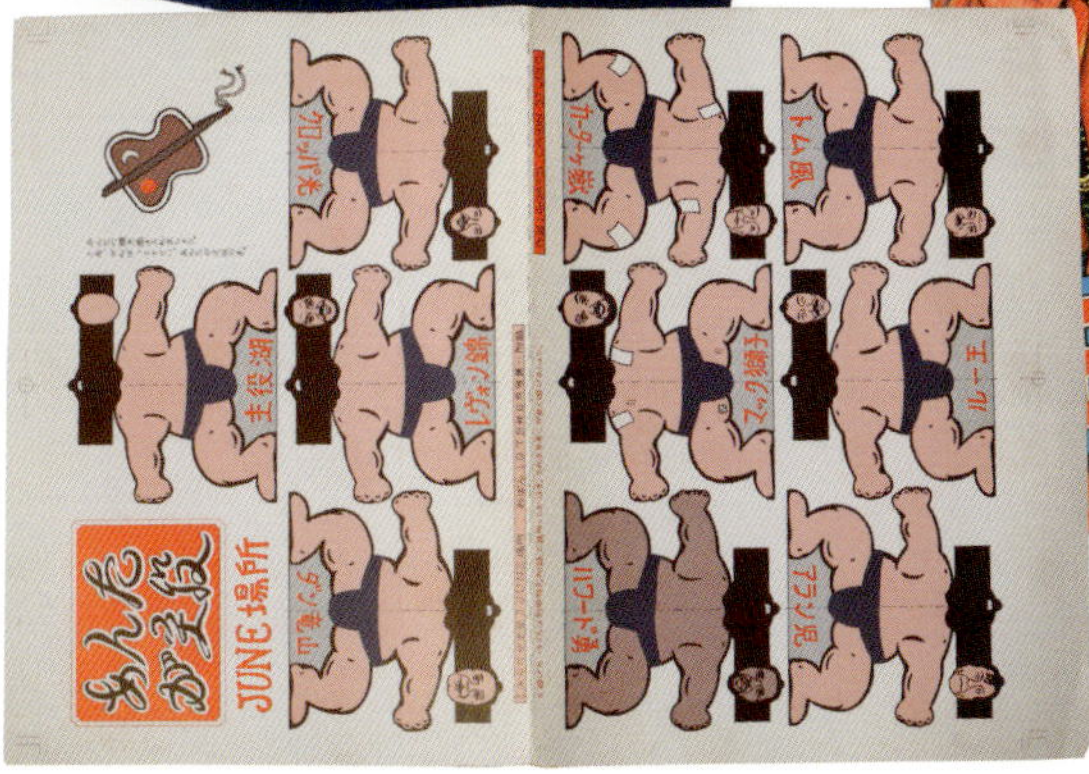

▲会場も大きくスター・プレーヤーも多かったので豪華なプログラムを作ろうと思い、昔の少女雑誌「りぼん」をパクって、れぼん。紙相撲やレボンくんの小雑誌の豪華付録付き。執筆陣も中村とうよう、矢吹申彦、長門芳郎など豪華。

▶トムスのソウル路線の最初の来日はオーティスだった。湯村輝彦さんに書いてもらった表紙は今でも僕のお気に入り。中綴じのポスターは永井宏さんによるもの。両巨頭のイラストなんて他にないと思う。

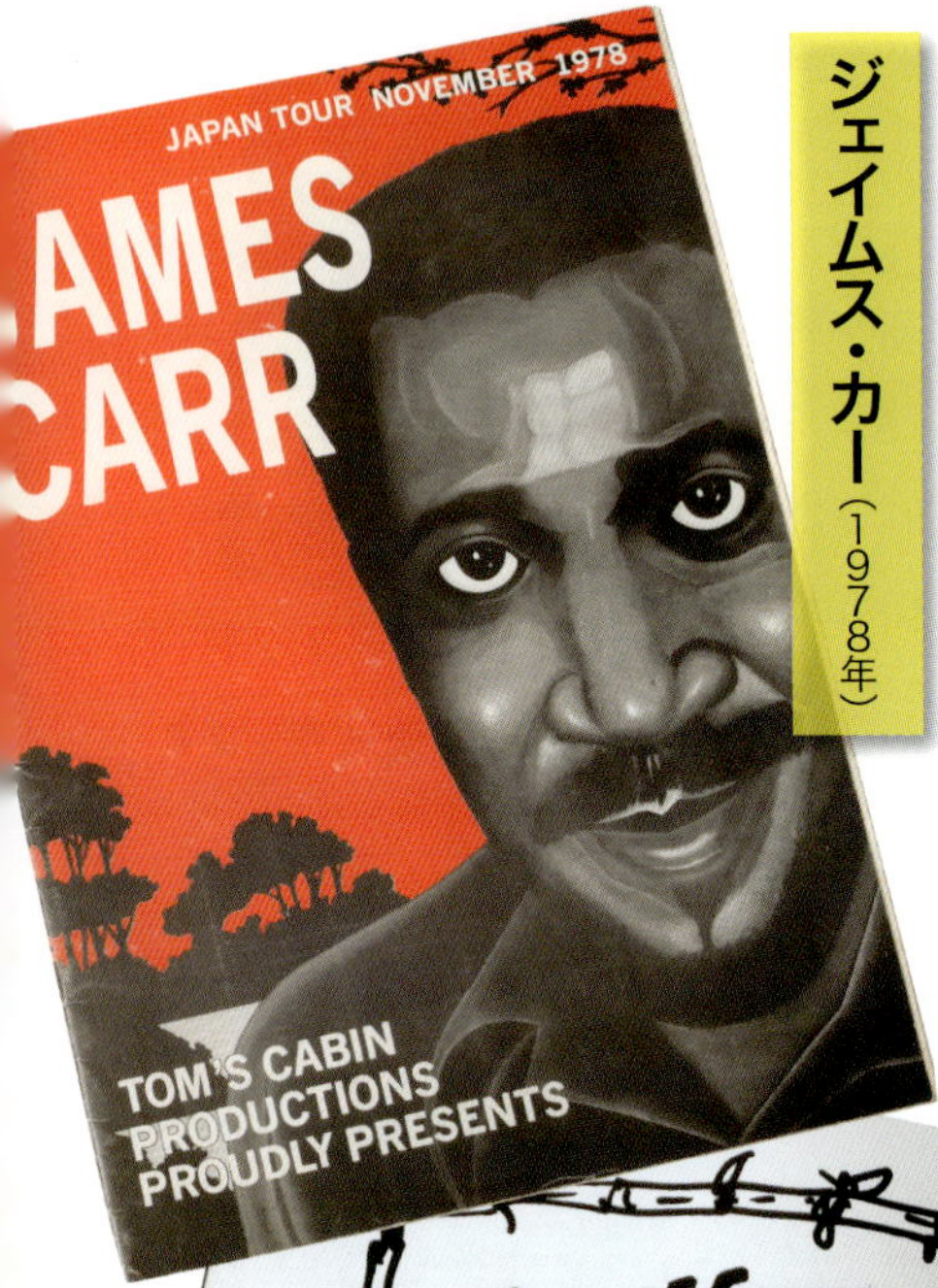

ジェイムス・カー（1978年）

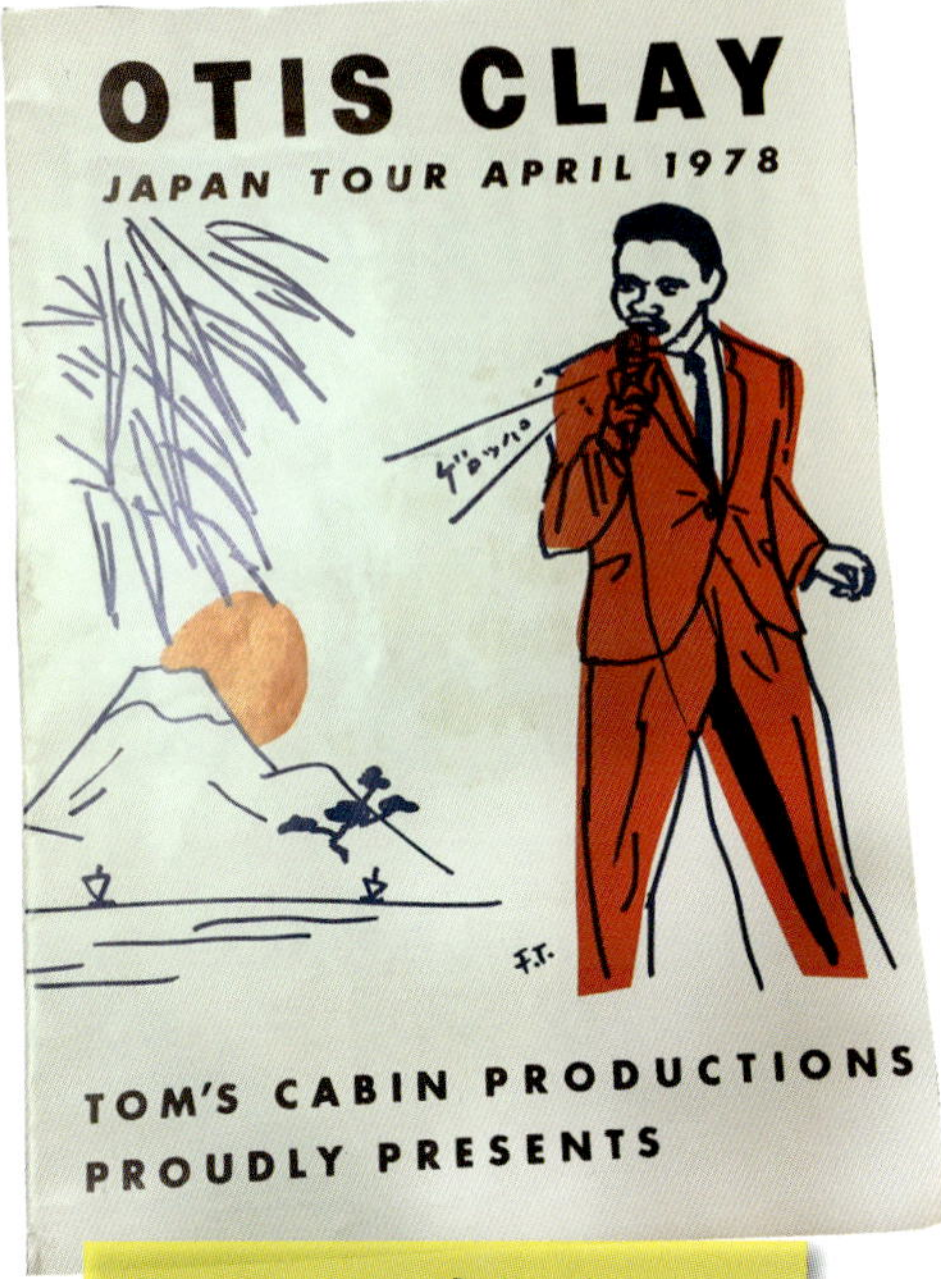

オーティス・クレイ（1978年）

▲八木康夫の表紙、湯村輝彦の中綴じポスター。トムスのブルース、ソウル関係のコーディネートをやってくれてたスティーブ・トマシェフスキーのインタビューも載ってる。

エルヴィス・コステロ
（1978年）

◀この号から今までのトムスとは違う路線ということでプログラムもZOOというロック雑誌をやっていた森脇、黒田といった人に任せた。森脇と亀和田武の対談も入って、それまでのトムスとは違うプログラムになった。

スーパー・ソウル・ショー
（1979年）

◀これはソウルなので再び湯村さんに表紙をお願いした。永井宏、青木啓、鈴木啓志、中河伸俊といった人たちに混じって、ギタリストの石田長生も自分のメンフィス体験を書いている。写真は77年に一緒にメンフィスに行った桑本正士。

トーキング・ヘッズ（1979年）

▲ぜひにというので、立花ハジメにADを頼んだ。普通のプログラムとは違う彼らしいスタイルになった。表紙の写真は伊島薫の写真。渋谷陽一、今野雄二という新しい人が対談や原稿を書いてくれた。

◀これもPlastic FactoryとあるのでADは立花ハジメだと思う。XTCのジャケットをヒプノシスがやっているのでかなりプレッシャーがあったと思うけど、凝った黒を基調にしたシンプルなプログラムになった。

XTC（1979年）

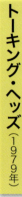

THE B'52S（1979年）

▶これも立花ハジメが AD。着せ替え人形の表紙や中身のコラージュも面白い。また、カレンダーやサインをするページもあって盛り沢山な内容だが、肝心のツアースケジュールが載ってないことが後になってわかった。

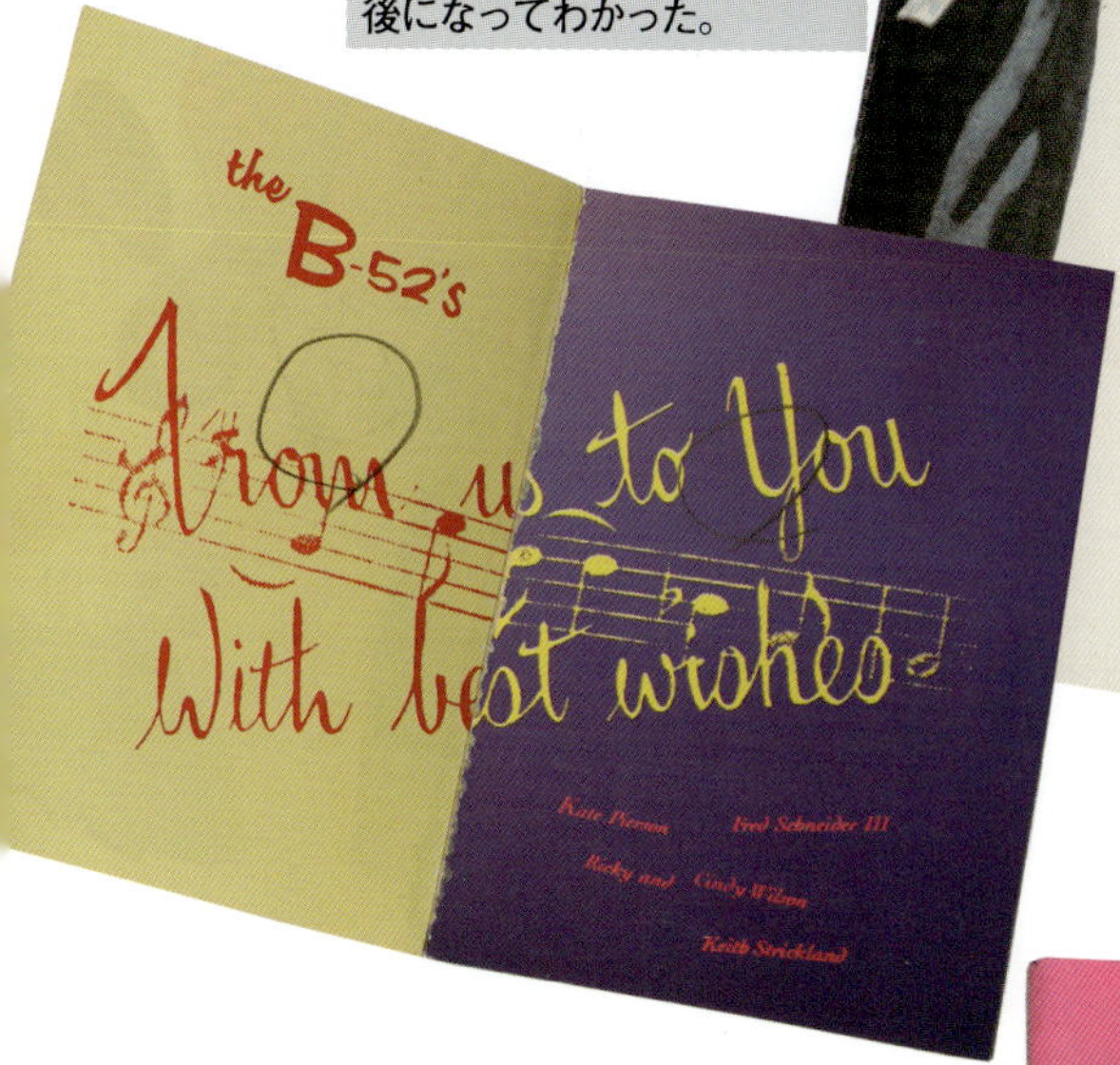

デヴィッド・リンドレー（1999年）

▶長い付き合いのリンドレーの集大成のプログラムを作ろうと、リンドレーに関するほぼすべての情報を詰め込んだ丸一冊デイヴィッド・リンドレーという大作。ショッキングピンクの表紙には本人も大喜びした。

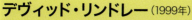

ジム・クエスキン・ジャグ・バンド（2013年）

▶フリッツ・リッチモンドは亡くなって参加できなかったが、その他のメンバーが揃ったJIM KWESKIN JUG BANDの50周年を記念して行なったツアーだったから、これも彼らのすべてが詰まった66ページの大作。外国から注文もあった。

◀圧巻のジム・クエスキン・ジャグ・バンドの相関図。ビル・モンローのバンドにビル・キースやリチャード・グリーンがいたり、眺めているだけでつい楽しくなってくる。

▲エリック・ヴォン・シュミットが描いたジム・クエスキン・ジャグ・バンドのポスター。こちらのモチーフはＴシャツにもなっている。

TICKET GALLERY

トムス・キャビンのチケット

続いては当時のチケットの
半券を見ていこう。
呼び屋はチケットを売らなければ、
当然利益に還元できない。
すべては網羅できなかったが、
現在のコンピューターによる
発券とは違い、1枚ずつ
デザインされているのが
実に味わい深い。

エリック・アンダーセン　1976年9月15日（水）目黒杉野講堂

ガイ・クラーク
1977年4月16日（土）久保講堂

ジェフ・マルダー＆エイモス・ギャレット
1977年5月5日（木）虎ノ門日消ホール

トム・ウェイツ　1977年1月9日（日）久保講堂

ジェシ・コリン・ヤング
1977年11月8日（火）
渋谷公会堂

マッド・エイカーズ
1977年6月2日（木）
虎ノ門久保講堂

Maria Muldaur
東京公演 2nd Stage
7月29日(日) 開場20:00 開演20:30
吉祥寺 Star Pine's Cafe 前売¥7000 当日¥7500(共にドリンク別/税込)
TOM'S CABIN Presents No. 20051 問 Star Pine's Cafe Tel:0422-23-2251

マリア・マルダー
2001年7月29日（日）
吉祥寺Star Pine's Café

ジョン・スチュワート
2001年11月24日（土）
下北沢ラ・カーニャ

John Stewart
Japan Tour 2001
トムス・キャビン優先チケット
2
2001/11/24(土) 下北沢 ラ・カーニャ
open:20:00 start:20:30/全席自由 ¥5500(1DRINK付)
問 ラ・カーニャ Tel:03-3410-0505
TOM'S CABIN PRESENTS No.2-0092

Tom's Cabin Presents
David Lindley
& Wally Ingram
Japan Tour 2002
4月6日（土）
吉祥寺 スター・パインズ・カフェ
2nd Stage 8:00pm開場/8:30pm開演
全席自由 ¥6000 (消費税込み)<DRINK別>
スター・パインズ・カフェ TEL:0422-23-2251
No.2- 027

デヴィッド・リンドレー＆ウォーリー・イングラム
2002年4月6日（土）吉祥寺Star Pine's Café

エリック・カズ
2002年9月5日（火）
大井町きゅりあん1F
小ホール

マーク・ベノ
2005年9月10日（土）
渋谷クラブクアトロ

リンダ＆テディ・トンプソン
2003年7月24日（火）横浜THUMBS UP

TOM'S CABIN PRODUCTIONS PROUDLY PRESENTS 2005.

ERIC ANDERSEN CONCERT

エリック・アンダースン　コンサート
9月18日(日) 横浜 THUMBS UP　6:00PM／7:00PM
前売￥6000／当日￥6500（オーダー別）
全席自由席　整理番号　016番

エリック・アンダーセン
2005年9月18日（日）横浜THUMBS UP

AMOSS GARRETT

JAPAN TOUR 2007

2007.6.3 (SUN) Shimokitazawa La Cana

DAY
*Open 15:30 / Start 16:00　*La Cana: 03-3410-0505
*前売￥6,000 / 当日￥7,000（+共にドリンク代￥700）　No. 19

エイモス・ギャレット
2007年6月3日（日）
下北沢ラ・カーニャ

マリア・マルダー
2008年3月2日（日）
曙橋Back in Town

Tom's Cabin Presents

Maria Muldaur

マリア・マルダー ジャパンツアー2008

2008.3.2 (Sun) 曙橋 Back in Town

NIGHT
Open 18:00 / Start 19:30　問:03-3353-4655
料金：￥6,300（別途1ドリンク＋1フード以上のオーダー）　No. 06

ドニー・フリッツ&ザ・デコイズ
2009年9月28日（月）
渋谷O-EAST

クレア&リーズンズ
2009年2月5日（木）
横浜THUMBS UP

ジム・クエスキン・ジャグ・バンド
2013年4月12日（金）日本橋三井ホール

TOM'S CABIN's

トムス・キャビンのTシャツ

T-SHIRT GALLERY

撮影：星野 俊　解説：奥 和宏

バンドのTシャツ物販をいち早く取り入れたのも
トムス・キャビンの偉業だ。
招聘したほとんどのアーティストのTシャツを作成しており、
どれも素晴らしいデザインに仕上がっている。
今ではまず手に入らないその貴重なコレクションを御覧あれ！

デヴィッド・グリスマン・クインテット（1976年）

記念すべき最初の招聘アーティストとなったDGQ。この時点で、すでにTシャツ・マーチャンダイズは始まっていた。赤を基調としたロゴのデザインは、ワークショップMU!!によるもの。シャツの製造はVANジャケットに依頼している。

背中に印刷された「SCENE」のロゴは、VANジャケットが76年に立ち上げたブランド。トムス・キャビンにTシャツを安価で提供したのには、自社ブランドの宣伝をしようという思惑もあったのだろう。

エリック・アンダーセン（1976年）

76年の初来日時に作られたもの。白い楕円に名前を載せたロゴ・デザインは、やはりワークショップ MU!!の仕事だ。この頃はまだVANジャケットにシャツの製造を依頼しており、77年以降に自前で印刷するようになる。

ニュー・グラス・リバイバル（1976年）

76年の最後を飾ったNGRのＴシャツ。ダイヤモンドにバンド名を載せたシンプルなデザインだ。このロゴもワークショップMU!!の仕事だろう。やはりVANジャケットに製造を依頼している。ブランドはSCENEだ。

トム・ウェイツ
（1977年）

パンフレットの表紙をそのまま印刷したトム・ウェイツのTシャツ。米国の有名なグラフ雑誌「LIFE」の表紙を模したデザインは、麻田浩のアイデアだという。記念すべきパロディ路線の第1弾。VANに製造を依頼したのはこれが最後となった。

ジェフ・マルダー＆エイモス・ギャレット
（1977年）

77年のジェフ＆エイモス。日本の甲冑をまとった不思議な雰囲気のイラストは、彼らの友人のギタリスト、エリック・ヴォン・シュミットによるもの。てっきり日本のデザイナーが描いたのかと思っていたが……。シャツはHanes製。

ジェシ・コリン・ヤング
（1977年）

赤と白の色使いが、そこはかとなく体操着を思わせる。ファミリー・ネームの「ヤング」を日本語訳した印鑑風の「若」マークが、いかにも直球ド真ん中。シャツのメーカーは不明。77年のツアーで販売された。

トムス・キャビンTシャツ
（1978年）

レヴォン・ヘルム＆RCOオールスターズの78年のツアーで販売されたTシャツのはずだが、なぜか胸にはトムス・キャビンの印鑑（?）が。正直、背中の主役のロゴよりも目立っていたりして……。

背中には、まごうかたなきRCOオールスターズのロゴ。直前に開催されたフライング・ブリトー・ブラザーズのTシャツと見た目が同じに見えるのは、同時進行でまとめて印刷をしていたからだろうか？

レヴォン・ヘルム
&RCOオールスターズ
（1978年）

78年のレヴォン・ヘルム＆RCOオールスターズのもうひとつのバージョン。こちらにはレヴォン・ヘルムの顔写真が入っている。ロゴは彼らのアルバムに使われたものを踏襲しているようだ。シャツはHanes製。

78年のツアーのＴシャツの色違い……と言いたいところだが、こちらは背中ではなくて胸側にRCOオールスターズのロゴが入ったバージョン。

デヴィッド・ブロムバーグ・バンド
(1978／2012年)

すっきりとシンプルながら美しいデザイン。このデヴィッド・ブロムバーグ・バンドのロゴは、彼らのアルバム『How Late'll Ya Play 'Til?』で使われていたものとほぼ同じだ。シャツのブランドは初回の78年時はHanes製で、2012年の復刻時はGILDAN。

フライング・ブリトー・ブラザーズ
(1978年)

再編FBBの78年ツアーのTシャツ。このロゴは、アルバム『FLYING AGAIN』から起こしたものだろう。ほぼ同時期のRCOオールスターズと同じ素材のシャツを使っているように見える。タグを見るとブランドはSPRUCEのようだ。

オーティス・クレイ
(1978年)

78年のツアーTシャツ。イラストは湯村輝彦。ブラック・ミュージック・マニアのテリー画伯だけに、いい味が出ている。印刷がズレているチープな雰囲気もナイス。このシャツのブランドもSPRUCE。

The B-52's
（1979年）

79年の日本ツアーのTシャツ。湯村輝彦画伯の手によるメンバーのイラストがキュートだ。ケイト・ピアソンとシンディ・ウィルソンは全身を描かれているのに、男が首だけというのもわかりやすい。シャツはHanes製。

スーパー・ソウル・ショー
（1979年）

シル・ジョンソン、アン・ペブルス、ドン・ブライアントのトリオによる、79年のスーパー・ソウル・ショー。「フロム・メンフィス，テネシー」とあるように、一連のサザン・ソウルのコンサートのひとつだった。

ガイ・クラーク
（1977年）

三度笠をかぶった渡世人風（？）のイラストは、ワークショップ MU!!の眞鍋立彦によるもの。サボテンの家紋や「我意苦楽」の当て字も面白い。Hanesのシャツを買ってきて自前で印刷するようになったのはこの頃から。

ジェフ・マルダー
（2001年）

2001年のツアーのTシャツ。「LIFE IS A SNAP!（人生はチョロい）」というコピーは、ジェフ・マルダーの性格を考えると、おそらく皮肉だろう。このときはトムスとゆかりの深いボビー・キンメルが同行していた。シャツのブランドはAnvil。

背中にはツアーの日程と会場がまとめられている。これを見ると沖縄を皮切りに各地を回って、最後は横浜で打ち上げていることがわかる。それにしても「Nattoman Japan Tour」というツアー名が大胆！

デヴィッド・リンドレー＆ウォーリー・イングラム
（2002年）

2002年のツアー用に製作されたもの。デヴィッド・リンドレーとウォーリー・イングラムのイラストに添えられた麦わら納豆がナイス。「Eat Natto! Listen Bakemono!」のコピーも含めてセンスを感じる。

エリック・カズ
（2002年）

アメリカン・コミック風のエリック・カズ。2002年のツアーで販売されたものだ。モノクロの印象的なデザインは、伊藤アシュラによるもの。シャツのブランドはGILDAN。

デヴィッド・リンドレー&ウォーリー・イングラム
（2003年）

2003年の『TWANGO BANGO 3』のツアーのTシャツ。風神雷神と化した2人のビジュアルが強烈だ。ワイゼンボーン、ナショナル・ギターからパーカッション類まで、楽器愛に溢れるイラストは、もちろん伊藤アシュラ。シャツのブランドはPrintstar。

アサイラム・ストリート・スパンカーズ
（2003年）

大所帯のアサイラム・ストリート・スパンカーズのメンバーがぎっしり且つすっきりと描かれている。2003年のツアーのために製作されたアシュラ画伯の力作。シャツのブランドはGranlobo。

ジェフ・マルダー's ジャグバンド・トリオ（2004年）

ジェフ・マルダーをフロントに据えたジャグバンド・トリオの2004年のTシャツ。このときには、まだフリッツ・リッチモンドも元気だった。伊藤アシュラの描くトリオのイラストがまた素敵。シャツはPrintstar製。

ジャネット・クライン（2004年）

やけにあだっぽい姿のジャネット・クラインと、バックのパーラー・ボーイズ。2004年のScandalsツアーのために作られたものだ。ここでも伊藤アシュラの楽器へのこだわりがいい感じ。シャツはPrintstar製。

モダン・フォーク・カルテット（2005年）

2005年のMFQのツアー。すっきりとオシャレなデザインに仕上がっている。ロゴの配置、配色、線画のイラストともにほぼパーフェクト。いい仕事してます。シャツのブランドはPrintster。

ハイドパーク・スタッフTシャツ（2006年）

こちらは2006年の第２回ハイドパーク・ミュージック・フェスティバルのスタッフTシャツ。シンプルながら、なかなかに印象的なデザインだ。背中には出演ミュージシャンの一覧が印刷されている。

ジョン・ミラー（2006年）

やけにシンプルなジョン・ミラーのTシャツ。急遽来日が決まったために、十分な制作期間が取れなかったせいかもしれないが、これはこれですっきりとしていて悪くない。シャツのブランドはUnited Athle。

Jug band extravaganza
（2006年）

ゆかりのミュージシャンが集まったフリッツ・リッチモンド・トリビュート・コンサートの記念Tシャツ。メイン・タイトルはアメリカの同名のショーから拝借したものか。シャツのメーカーはPrintstar。

エイモス・ギャレット
（2007年）

2007年のツアーのグッズ。鎧を着こんだ桃太郎風のエイモス・ギャレットがかわいい。犬猿雉をお供に、「日本一」ならぬ「加奈陀一」の幟も揚げている。テレキャスターのピックアップ増設をしっかり押さえてあるのも流石。

背中にはツアーの日程と会場の一覧。ラ・カーニャに始まってラ・カーニャに終わる長いツアーだったことがわかる。シャツのブランドはPrintstar。なお、表に描かれたお供の絵は、サポートの岡嶋文（ベース）と今井忍（ギター）。

ジェフ・マルダー
（2008年）

2008年のソロ・ツアーのTシャツも和のテイスト。こういう絵を描かせたら伊藤アシュラの独壇場なのだ。ジェフ・マルダーの愛器、マーティン00-18Hの描写にも、マニアのこだわりを感じる。シャツのブランドはAnvil。

背中には恒例となった感のあるツアーの日程と会場の一覧。落款印風の篆刻は、ジェフ・マルダーの当て字「慈笑布丸陀阿」のようだ。どこぞの菩薩のような、ありがたいお名前である。

ヒルマン&ペダーセン
（2008年）

クリス・ヒルマンとハーブ・ペダーセンの2008年のツアーのTシャツ。このロゴのタッチは、FBBのTシャツのときにも見たような気がしないでもないが……。シャツのメーカーはPrintstar。

デヴィッド・ロバーツ
（2008年）

シンプルな文字だけのデザインながらクールなセンス。26年ぶりの新作をたずさえて初来日を果たした2008年のツアーの際のグッズとして作られた。Tシャツのブランドはanvil。

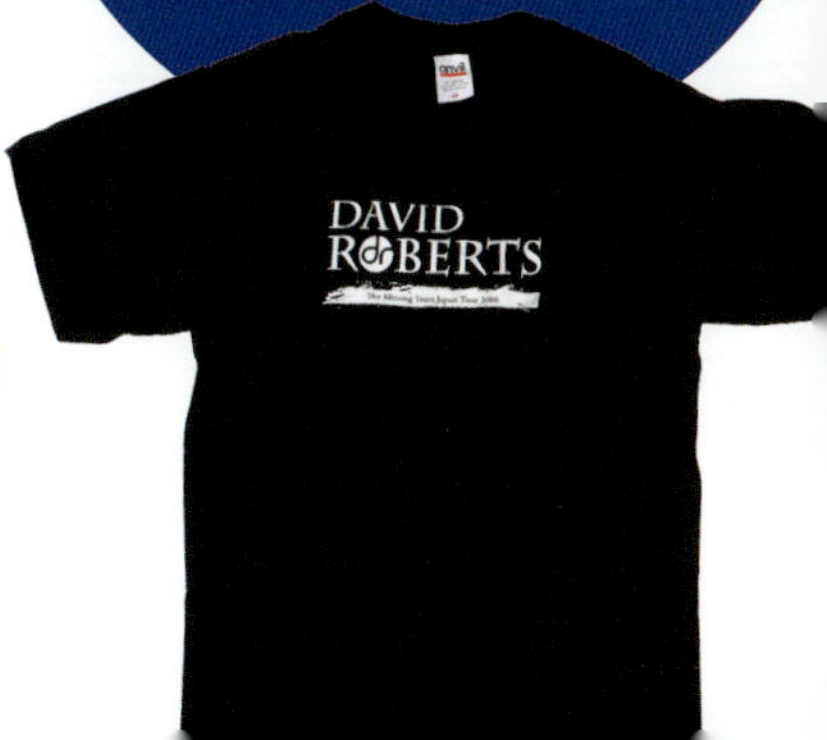

トムス・キャビン
（2009年）

こんなTシャツも作られていた！　トムス・キャビンによるトムス・キャビン・ファンのためのグッズである。背中には、1976年から2009年までの招聘アーティストの名前がびっしり。トムスの歩みを一覧できる貴重な資料と言えるだろう。最後がドニー・フリッツ＆デコイズなので、このツアーのときに製作されたものか。

TOM'S CABIN's T-SHIRT GALLERY

ダン・ヒックス
（2009年）

サイケデリックにカラフルなダン・ヒックス＆ホット・リックスのTシャツ。よく見ると両脇に風神雷神の図もある。これもアシュラ画伯の仕事だろう。シャツはPrintstar。2009年のツアーのグッズだ。

スタンリー・スミス
（2011年）

今井忍、井上太郎がサポートをした2011年のソロ・ツアーのTシャツ。これはシブい！　スタンリー・スミスの音楽性や人となりを、そのまま反映しているように思える。シャツのブランドはGILDAN。

ジェフ・マルダー＆エイモス・ギャレット
（2010年）

以前のデザインを受け継いだかのような、武将姿の2010年版ジェフ＆エイモス。かたわらの浦島太郎は故フリッツ・リッチモンドのようだ。落款の「画豹老人紅丸」は伊藤アシュラの雅号。シャツはAnvil製。

チップ・テイラー
（2011年）

シンガー・ソングライターのチップ・テイラーを中心としたトリオの、2011年のツアー。「WILD THING」は、映画『メジャーリーグ』でおなじみのテイラーのヒット曲だ。シャツのブランドはJERZEEZ。

ジム・クエスキン・ジャグ・バンド（2013年）

2013年の結成50周年記念のリユニオン・ツアーのTシャツ。アシュラ入魂のバンドのイラストが泣ける。ひっそりと故人のフリッツ・リッチモンドも参加している。シャツはUnited Athle製。

背中にはメンバーの変遷や交流関係が一目でわかる相関図。こちらもかなりの力作だ。パンフレットに使った図版を流用しているのだろうが、ファンにはうれしいアイデアだ。

TOM'S CABIN's T-SHIRT GALLERY

ジム・クエスキン・ジャグ・バンド
（2013年）

2013年のリユニオン・ツアーの別バージョン。中央に置かれたジャグの周りにメンバーが配されている。やはりフリッツ・リッチモンドの姿も。こちらのイラストはエリック・ヴォン・シュミットによるものだ。ブランドはGILVAN。

背中は「HUG A JUG！」（ジャグをいだけ！）のキャッチコピーのみ。シンプルなデザインながらなかなかのインパクトだ。これぞ、ジャグ・バンドの心意気！

マーク・リボー＆ヤング・フィラデルフィアンズ
（2014年）

珍しくU字ではなくV字ネック。2014年のツアーで販売されたTシャツだ。マーク・リボーをはじめとする激シブなメンバーのイラストは、伊藤アシュラによるもの。

Tote Bag

リンダ&テディ・トンプソン（2003年）

幻に終わった2003年7月のリンダ・トンプソンのツアーの際に製作されたと思われるトートバッグ。代わりに開催された息子のテディ・トンプソンの無料コンサートの際に、売られていたような記憶があるが……。

デヴィッド・ブロムバーグ（2012年）

トムス・キャビンでは、トートバッグもいくつか製作している。このバックは、デヴィッド・ブロムバーグ・バンドのロゴが入っているが、78年のときに作られた物にしてはきれい過ぎる。2012年にブロムバーグが単独で来日した時に作られたものだろう。

チップ・テイラー（2011年）

このチップ・テイラーのトリオのバッグは、Tシャツと同じイラストを使用している。2011年のツアーのときに販売されたもの。

ドニー・フリッツ（2009年）

こちらはドニー・フリッツ&デコイズ。『七人の侍』の一場面を思わせるシブい構図だ。まあ、6人だけど。これと同じデザインのTシャツも、おそらく作られていたはずだが、今回は見当たらず……。

Another side of TOM'S CABIN

伊藤あしゅら紅丸の証言

ここでは、トムス・キャビンのキーマンの一人であり、麻田浩という人物を長きにわたって見続けきた伊藤あしゅら紅丸氏に登場願おう。イラストレーター、漫画家、CGクリエイター、ギター研究家、ミュージシャンなど、多方面で活躍する彼は、トムスが招聘したミュージシャンのイラストを描き、プログラムやグッズのデザインをし、ときにはツアー・マネージャーも務めていた。復活した新生トムスでもイラストを手掛けるなど、今日までサポートを続けている。招聘アーティストとの思い出を語ってもらった。

❖ 麻田浩との出会い ❖

1970年代の初頭、私はマイク真木さんのコラムのイラストを描いていたことがきっかけで、マイク真木&ラングラーズのメンバーになり、ミュージシャンとイラストレーターとの二足のワラジを履いて活動していました。ちょうど71年から74年まででしたが、そのころに麻田さんが、よく真木家に遊びに来ていたのです。日本版モダン・フォーク・カルテットのメンバー同士でもあり、楽曲提供などの縁もあったからでしょう。その時の出会いが最初です。麻田さん自身も、ミュージカル・ステーション所属の歌手として、72年に名盤『Greeting From Nashville』をリリースしたり、石川鷹彦さんたちを擁した麻田浩と99バンドで活動したりと、音楽活動を盛んにしていた時期でした。私たちのラングラーズと共演のステージも多かったので、麻田さんのアメリカ音楽への傾倒ぶりも身近に感じていました。ちなみに99バンドは、VANが青山の本社ビル一階に作った、伝説の「VAN99ホール」への出演のために作られたバンドでした。このホールはキャパ99名、入場料99円という、本当に企業メセナのために作られた会場で、演劇や音楽で数々のエポックを作り出した由緒あるスペースです。麻田さんが、「99バンド→救急バンド→バンドエイド」みたいなダジャレのノリで付けたバンド名だとは思います。

私は、マイクさんのバンドを辞めたあと、一年間ほどアメリカに住んで、ロサンゼルスとサンフランシスコに住みながら、イラストの仕事をしたり、日本の音楽雑誌向けにアメリカの音楽シーンのレポートを送ったりしていましたが、そこでアメリカの音楽シーンが日本とまるで違うことに感銘を受けました。小さなホールでも、素晴らしいミュージシャンが出演しているし、ジェリー・ガルシアなんかが、気楽に話しかけられる距離でプレイしているわけです。

中でもサンタモニカのマッケイブス・ギター・ショップの週末ライブは最高で、生きる伝説みたいな人から、若手のホープまで、現在アメリカーナと呼ばれている音楽の集大成のような人たちが出演していました。ここでプログラムを組んで司会もしていたのがボビー・キンメルという人物。リンダ・ロンシュタットが在籍していたストーン・ポニーズのメンバーだった男ですが、彼が、その後のトムス・キャビンの招聘にも大いに貢献してくれることになります。ここのギター・ショップは楽器のメインテナンスや修理にも定評があって、西海岸のミュージシャンの信頼も厚く、メイン・クラフツマンの押尾光一郎さんは麻田さんの住んでいた狭山米軍ハウス村での友人でしたから、その辺での付き合いもあって、話がスムーズに進んだのだと思います。

トムスが活動するようになってからは、ボビー・キンメルが「誰それのスケジュール、ここところが空いてる。ヒロシ興味あるかな?」みたいな形でいろいろと紹介してくれました。もともとマッケイブスに出ていたアーティストたちは、コアなミュージック・ファン層向けみたいなのが多かったから、その流れがそのままトムス・キャビンにも来てたという面もあると思います。もちろん麻田さんはその他の繋がりもあったし、けっこう好き嫌い激しいので、「オレ嫌いだから」って取り合わなかった案件もありました。

ちなみに、ボビー・キンメルはジェフ・マルダーとエイモス・ギャレットの二回目の日本ツアーの際にベーシストとしてサポートしていましたから、トムス・ファンにもお馴染みだと思います。

❖トムスとの関わりは最初のDGQから❖

私は帰国後に、東理夫さん主筆の『ベアバック』誌の編集を手伝っていた時期がありました。西海岸やカントリー系の音楽やカルチャーを紹介する雑誌でしたが、その『ベアバック』の出資者が、11PMでフィドルを弾きながら出てくるおかしなおじさん=飯塚文雄さんのメガコーポレーションという音楽事務所でした。飯塚さんは麻田さんの99バンドのメンバーでもあったので、その縁で、麻田さんが最初の招聘を行なうことになるデヴィッド・グリスマンのスポンサードもすることになったようです。

最初のコンサートが「主催・メガ・コーポレーション、招聘・トムスキャビン」となっているのは、そんな経緯で、私はと言えば、そのままプログラムのデザインなどを手伝うことになりました。だからトムス・キャビンには創世記から関わっていたことになります。

そんな成り行きから、デヴィッド・グリスマン・クインテットのプログラムの中面は私が担当しました。記事が足りなきゃ自分で書くという。「麻田さん、ここのところ紹介文入れないとだめなんだけど」、「おう悪い。英語で来てるからさ、訳して入れといて」みたいな感じでしたね。

ポスターやプログラム表紙、チケットのデザインは、ワークショップMU!!の眞鍋立彦さんが手掛けています。あそこは狭山村のお友達だった縁でお願いしたようで、私は眞鍋さんのスタジオまで行って、仕上げやなんかを手伝いながら、学ばせてもらいつつ、制作していました。

こうして実現したのが、最初の「デヴィッド・グリスマン・クインテット＋リチャード・グリーン＋ビル・キース」という豪華なコンサートで、会場は試写会などでお馴染みの共立講堂でした。既存のホール以外の場所の開拓という、あとにつながるトムス・キャビンのビジネスモデルの雛形がすでにできていたことになります。

❖小ホール＋地方巡業というビジネスモデル❖

最初のグリスマンのときは「東京、京都、大阪」と、大都市だけでしか開催できませんでしたが、次の（トムス・キャビン自前主催になる）エリック・アンダーセンから、ライブハウス巡業ツアーという形態の招聘が始まりました。

それまでの会場は、大手町サンケイホール、新宿厚生年金ホール、あとは芝の郵便貯金ホール、中野サンプラザホールといった、二千から二千四百人くらい入る場所が定番でしたが、それではトムスのアーティストには大き過ぎるということで、小さめでもライブをやらせてくれるような会場を開拓しました。

当時は今みたいにLCC飛行機があるわけではないので、とにかく飛行機代が高かった。ということは、私たちがやるなら公演数を多くしないとペイできない。さらに、楽器やアンプを何台も持ち込むようなロック編成ではなく、ハンドキャリーで来られるくらいの寸法であれば、かなり経費が削減できる。そうやって地方を回せば、既存のプロモーターがやってるような二千人単位のホールじゃなくても、二〜三百人規模でもペイできるツアーが組めると考えました。結果、一回分あたりのギャランティも抑えられる。こうして新しいビジネスモデルが生まれたわけです。

要は、アメリカでの興行形態をそのまま日本で実現させることで、それまで日本では呼べなかったアーティストも招聘できるようになったわけです。

私自身もアメリカでは、楽器店やレコード店、カフェなどで数々の素晴らしいアーティストを観ましたし、麻田さんはもっと筋金入りで、60年代初頭からニューヨークのヴィレッジの小さな店でレジェンドをたくさん観た経験があったから、違和感はなかったのでしょう。そこで、それまで試写会でしか使われていなかったような会場を使用しました。久保講堂や虎ノ門ホール、共立女子大講堂、九段会館など。「試写会で音を流してるんだから音楽は大丈夫ですよね？　うちはロックじゃないし」という発想です。地方ではヤマハのエピキュラス系の小ホールも積極的に利用しました。こうしてビジネスモデルとしていろんな発見を、みんなでああでもないこうでもないって言いながら実現していったのが、トムス・キャビンでした。こんなアイデアが生まれたのも、麻田さんがアメリカでの興行形態を把握していて、ミュージシャンに知人が多かったのが、大きかったと思います。

こうして、素人同然の新進プロモーターが、いまでいうニッチな存在でなんとか回転していくようになると、既存のプロモーターさんたちも、このビジネスモデルに気づいてしまい、トムスがずっと温めていたアーティストも、大手さんが招聘を始めてしまいました。大手さんからすると、素人同然の若造たちが目障りだった一面もあったのかもしれません。

でも、麻田さんは負けず嫌いだから、まだ目を付けられていないイギリスのパブロックやパンク・シーンなどを開拓して、新しい芽を見つけていきました。この辺の「目利き」の良さが、麻田さんたる所以ではないでしょうか。

❖ ようこそ日本へ、おもてなしの招聘元 ❖

ということで、既存のプロモーターの接待とは一味違ったおもてなしというのも、トムス・キャビンの特徴のひとつでした。今では考えづらいけれど、昔は移動日と公演日との間に、観光のための日程をキチンと取るようにしていました。思うに、麻田さんが好きな人たちを呼んでいたので、日本のいろいろな面を体験して帰ってほしい、という思いがあったのだと思います。酒池肉林のような接待ではなく、日本人でも通な人しか知らないようなところへ連れて行き、日本の文化に触れてもらう……折角経費を抑えているのに、こんなところでは大盤振る舞い。今でいうクール・ジャパンを、その頃から私たち的にやっていたわけです。

デヴィッド・グリスマン・クインテット（1976・5月）

最初に招聘したデヴィッド・グリスマンご一行は、「彼らはインドが好きだろうから」という妄想のみで、築地本願寺へ連れて行きました。確かに日本の神社仏閣様式とは異なる伊藤忠太の独創的な建築様式に感銘を受けていました。彼らにとっては代表曲の「タイランド」のイメージもあったようです。そのあとは、当時は九段にあった「アジャンタ」で本場のインド料理屋。お香の香りに混ざって、なにやら怪しい匂いが漂っていたのは……きっと時代のせいでしょう。

もちろん京都でも観光の日程を取ってあって、主催者との触れ合いの時間もたっぷりとありました。地方のプロモーターは、「好きで仕方ない!」という人達が多かったので、この辺のおもてなしは、とても大事な時間でした。京阪地区は、ブルーグラスが人気ですから、トニー・ライスがダントツにモテていて、なんとおっかけまでいたのでビックリした記憶があります。

私はといえば、当時若くて知名度がなかったダロル・アンガー(フィドル)やトッド・フィリップス(ベース)たちとおりんや木魚を探して仏具屋さんに行ったり、神社巡りをしたり、楽器作りもする彼らを東急ハンズに連れて行って工具を漁ったり。トッドはその後も来日のたびに、我が家に長期宿泊したりして、今でも親交が続いています。今では二人ともアメリカーナの大重鎮になりました。

リチャード・グリーン(フィドル)は売れっ子セッションマンなので、それなりに人気がありましたし、収入も他のメンバーとは違っていたようで、秋葉原ツアーの際はナカミチの高級カセットテープデッキをポンと購入し、羽振りのよさを見せつけていました。トムスならではのおもてなしと書きましたが、彼らの時は主催がメガ・コーポレーションだったわけで、飯塚文雄さんは、夜の御接待に連れて行ってくれたようです。11PMで人気があった人ですから、その接待も押して知るべしというわけで、翌朝リチャードは「俺はトルコの王様だぁ!」と豪語していました。やれやれ。

エリック・アンダーセン(1976・9月)

エリック・アンダーセンは地方でも人気が高かったので、大変な歓待を受けたようです。私は、アートワーク制作だけで、ツアーには付き合えませんでしたが。

ニュー・グラス・リバイバル(1976・12月)

ニュー・グラス・リバイバル（ＮＧＲ）は、フジ弦楽器の工場を表敬訪問しました。当時は、神田商会さんがブルーベルのブランドでバンジョーやマンドリンの発売を始めた頃。ここに有名なカントリー歌手の斉藤任弘さんが在籍されていました。私もミュージシャン時代からお付き合いをさせてもらっていた間柄で、工場にも何度もうかがったことがあったので、いっしょに連れて行くことになりました。

当時は１９７６年のバイセンテニアル・イヤー（アメリカ建国２００年）だったせいか、アコースティック楽器への注目が高くなっていたころで、日本の楽器メーカーもブルーグラス系の楽器の開発に熱心でした。ところが、作ってる人もなかなか本物の良い楽器に出会えずに、各社がこういうもんかな？と手探りで作っていた部分が多かったのです。本物のビンテージを知っているＮＧＲの訪問は工場にとってもありがたかったようで、大変歓待してくれました。

たくさんの楽器のプレゼントもさることながら、夜は大宴会。誠に日本的なおもてなしであったわけです。翌日は松本城に行って天守閣にも登りましたが、何名かは二日酔いでパスしていました。

トム・ウェイツ（1977・1月／1978・3月）

トムス・キャビン初期のヒット興行と言えば、やはりトム・ウエイツ。羽田から降り立った時の彼と言えば、救世軍で買ったというロングＰコートにヨレヨレのフェルト帽。まさしくジャケットで見る通りの出で立ちで現われました。タン色の革製スーツケースはボロボロで、中の服がはみ出していて由緒正しき「Tropicana Motel」のタグとステッカー付き。「アイツらはクラシックなホテルが似合う」という麻田さんの一声で、東京は赤坂プリンス・ホテルの旧館に宿泊させました。横浜はニュー・グランドでした。確かにトムの出で立ちにはピッタリだったんですが、彼がどれくらい理解していたかは不明です。

トム・ウェイツは、一回めも二回めも私が日本全国ツアーに連れて行きました。

二回めの来日の時に驚いたのは、先の出で立ちもさることながら、手荷物で持ってきた「街灯」です。『ハート・オブ・サタデー・ナイト』のジャケットに出てくるようなイメージでしょうか？「これをステージに立てて、その下で俺がアルバム・カバーのように、煙草をくゆらすんだ。決まっているだろ?」、「ん? タバコ吸う?」、「もちろんさ! そして、あかりに照らされて煙が立ち上るんだ」……なるほど、そういう演出なのか……となると、日本では消防署の許可が必要となります。この許可も毎公演、取りに行くことになりました。その管轄の消防署に届けると、消防署から立会人が来て、「演出のために2本吸いました」などの事実をちゃんと記録していたわけです。演劇ではよくあることですが、コンサートでは珍しいと言われました。こちらもそれならというわけで、照明さんにお願いして、いい具合にチンダル現象が見えるようにピンスポを当てたりしました。

ステージ上に千鳥足で登場したトムが、酔っぱらった風情で、おもむろにプルトップを開けると、缶からビールが噴出する。それを見た客から歓声が起こる。こんなシーンが一曲目ですが、これも、幕の陰で待機している時にトムが缶を一生懸命振っていました。本人はまったくの素面で、神経質に振っていたのを思い出します。のちにジム・ジャームッシュの映画に出演したことでもわかるように、彼にとってはステージ全部が演劇でした、それもあってか、この頃はもうやっていなかった「OI'55」をやるのを拒否していたようです。「あれは昔の曲だから、いまはやりたくない」と。それを麻田さ

1978年、羽田空港にて。右がトム・ウェイツ、左が伊藤あしゅら紅丸。

んが、日本で一番知られている曲だからやらなきゃダメだと説得したようです。確かに、演ったら一番受けていました。

かなり神経質と書きましたが、観客の反応もかなり気にしていて、仙台公演の時には、休憩で「アシュラ、みんなオレのこと嫌ってる。まるで受けていない！」なんて半泣きになっていました。こちらはもう、必死に事情を説明して、「いやいや違う違う。仙台の人はシャイなだけだから」と伝えました。とにかく、彼が何を演技しても、みんなじっと黙って聴いているという状況でした。「みんなシャイなだけだから。声は上げないんだよ。拍手は一生懸命してくれているでしょ」って。確かにこの時の客の入りが今一つということもあったので、拍手の音量もあんまり大きくならなかったというのもあった。だから、私も客席に行って、大きな声を出して盛り上げました。

トム・ウェイツの一回めのときは、京大の西部講堂でもやりましたが、これが1月16日。加川良さんの歌にもある通り「冬の京都は寒くて厳しい」。西部講堂は、もう屋根も抜けているようなところですから、すごく寒かった。なので、会場の中で焚火を炊いて、みんなであったまりながらコンサートをやりました。観客は酒盛りを始めるし、トム達は「ワオ！　ソー・ファンキー！」って言って喜んでいました。観客もいっぱい入ってノッていたので、皆が満足したようです。

トムは、あんまり酒量は多くなくって、演奏後の打ち上げでも、ちょっと飲んだらすぐ真っ赤になってました。でも「酒とたばこでサッチモの声になるんだ！」と頑張っていましたね。ルイ・アームストロングにすごく憧れていたようで、確かに声がドンドン変わっていったから、「Ol'55」の頃の声とは明らかに違いました。『スモール・チェンジ』の頃には、かなりすごみが出ていましたから。

ガイ・クラーク（1977年・4月）

ガイ・クラークのときは、ローリング・ココナッツ・レビューの時期とかぶっていて、麻田さんはそちらにかかりきりだったので、私がやはり全ツアーについて行きました。札幌公演の空き時間に、豊平川の近くの質流れ屋でエレキ・マンドリンを買ってきて弾いていたら、「お！　お前マンドリン弾くのか！　じゃあステージでやろう！」って2曲くらいいっしょにやらされまして、そのあとのコンサートでは、ずっとステージで一緒にプレイすることになりました。そのマンドリンは安物でブリッジがいい加減でしたが、かつてドブロの工場で働いていたガイがスイス・アーミー・ナイフで直してくれて感激しました。

ジャケットに写っていて歌詞にも出てくる奥さん＝スザンナが日本の城が大好きだというので、岐阜城、二条城、岡山城と各地の城を訪ねたのも印象に残っています。中では山城の岐阜城がお気に入りのようでした。

ペダル・スティールのピート・グラントは、移動中もギブソンEH‐160ラップ・ステールを携えていましたが、電車待ちの時間に駅構内でピグノーズ・アンプにつないでプレイを披露。見物客が投げ銭してくれたこともありました。ジェリー・ガルシアのペダル・スティールの先生だったようで、彼からもらったガルシア愛用のスティール・バーは私の宝物です。

ジェフ&エイモス（1977年・5月）

ジェフとエイモスは、麻田さんの大好きなアーティストだったので、観光のための予定がバッチリ。来日メンバーも、それぞれの奥さん&パートナー、さらには赤ちゃん＝ダーダネラまでついて来ての大観光旅行。有名なのが、釣り好きの彼らのために！ということで、伊豆半島の土肥温泉で、二日間過ごして、温泉と釣り三昧。私は経費の都合で、ここには参加していませんが、相当楽しかったようで、同行したカメラマンの桑本正士さんがいいショットをたくさん残してくれています。

ジェフとエイモスは、この後も単独や二人で何回も来日し、すっかり日本通になりました。私も、レコード・ジャケットをデザインさせてもらったり、イラストとギターを交換したりして、良いお付き合いをさせていただいてます。2000年頃に私はニューヨークに住んでいたのですが、この時にはジェフとマリアの娘＝ジェニー・マルダー（二人のアルバムでテネシー・ブルースを歌っていたあの子です）と仲良くなり、こちらもジャケット・デザインしたりして、お付き合いが続いています。

マッド・エイカーズ（1977年・6月）

マッド・エイカーズは、イメージ通り、みんな本当に音楽が好きな人の集まりで、真面目。この時のプログラムはMADのパロディー版で、八木康夫氏、マーチン荻沢氏や高橋キンタロー氏らと私でメンバーをフィーチャーしたマンガを掲載しました。これをハッピー・トラウムが大変気に入ってくれて、今でも時々ビジュアル使用してくれているようで、そのたびに連絡があります。

実は、来日後にメンバーのアーレン・ロス(ギター)のお父上が『The New Yoker』誌に寄稿している有名な漫画家ということがわかって、彼の分の漫画を描いた私としては冷や汗ものでしたが、どうやら気に入ってもらえました。

ビル・キース(バンジョー)は教授のような存在なのですが、けっこうお茶目でそれぞれの宿で部屋の灰皿や浴衣をパクッていて、帰りの荷物が満杯になっていました。「お持ち帰りだと思った」と。まあ、それほど気に入ったのでしょう。

カントリー・ガゼット(1977年・6月)

カントリー・ガゼットは、ロジャー・ブッシュとアラン・マンデが西海岸派ですが。ローランド・ホワイトとビル・ブライソンが典型的な南部人で、日本食のおもてなしが苦手だったようです。二人でよくマクドナルドに行っていました。

ブルース・コバーン&マレー・マクローラン(1977年・7月)

カナダのトゥルー・ノース・レコードが誇る二大メインのジョイント・コンサートでしたが、音楽性も好対照でかなり面白いライブでした。ブルースの世界が宮沢賢治の世界に共通している、というファンが多く、地元盛岡でのコンサートも組まれました。初夏の朝霧に包まれた早朝の盛岡城跡公園を二人で散策しましたが、「東京に比べると、のんびりしていていい街だね」と言っていました。彼も盛岡がかなり気に入ったようです。

ジェシ・コリン・ヤング(1977年・11月)

ジェシ・コリン・ヤングは、当時アメリカでも人気が高かったアーティストで、トムス・キャビンの招聘した中では大きなホール公演が主体という、これまでのビジネス・モデルとは異なったツアーでした。PAスタッフやロード・マネージャーなども含めた大人数が来日し、移動も大変でした。機材も多かったのですが、それでも日本で揃う機材はこちら側で調達して経費削減したのですが、これが裏目に出て、高い機材を購入しなければならなくなったり、ノイズ・シールド板を作るために大阪の街をさまよって材料を探しまわったり……初日の幕があがった時には胸をなで下ろしたものです。ジェシは奥さんのスーザン、娘のジュリエット、息子のシャイアンという一家総出の日本ツアー。子供たちは、寺社仏閣を見て、不思議な顔をしていました。普段、サンフランシスコ郊外のポイント・レースという山の中の田舎町に住んでいたので、銀座のネオンサインの洪水を見て「本当にキレイ!」と感激していたのを思い出します。

東京では早稲田大学の学生たちの研究会の主催で、文学部内にあった（いまはなくなってしまった）記念講堂でのライブを決行。広い体育館のような会場で、仮設舞台を組むのが大変でしたが、学生主体の観客のノリもよく、西海岸で観ているような錯覚を起こしました。

エディー・テイラー（1977年・12月）

ビザがおりなかったフェントン・ロビンスンの代役で急遽来日してくれたのがエディー・テイラー。ホンキー・トンクのヒットを持つ彼の本場のシカゴ・ブルーズが、本当によかった。彼に愛車を聞いたら「キャディラック!」と誇らしげに答えてくれて、やはり成功者のアイコンなのかと思いましたが、よく聞くと二年落ちの中古車。やはりブルーズマンは大変なんだな、と思い直したのを覚えています。彼も京大西部講堂で公演しましたが、やはり場内で暖をとる焚火が焚かれていました。

デヴィッド・ブロムバーグ・バンド（1978年・1月）

デヴィッド・ブロムバーグ・バンドは個性的なミュージシャンの集合体。ブルーズもやればブルーグラスもやる。アイリッシュを取り上げたのも早く、私は大ファンのバンドでした。みんな抜群のテクニシャン揃いでしたが、気さくにプレイを教えてもくれました。金沢ではオフの日があり、主催者の「もっきりや」さんのご厚意で上山田温泉で宴会。そのあと温泉で、文字通り「裸のお付き合い」をした仲になりました。みんなナニは大きかったですね。公演後はもっきりやで打ち上げだったのですが、ホーン・セクションがジャズのジャム・セッションを始め、いい雰囲気になりました。このツアーでも、なぜかデヴィッドに急にステージ上に呼ばれて通訳と踊りをやらされました。札幌以降の公演では毎回ステージに呼ばれてしまいました。

レオン・レッドボーン（1978年・2月）

レオン・レッドボーンは、マネージャー兼パートナーと二人だけで来日。私が各地を連れて巡演したわけですが、京都では錦小路が気に入ったようで、「漬物」を食べたりして日本が大好きになったようです。「アシュラ、今日は映画を観たい」と言い出しまして、それがなんと『柳生一族の陰謀』でした。正直、「ストーリー解説が面倒くさいな。これ私が同時通訳するの？」と思いましたが、極上ホスピタリティが身上ですから、西京極の映画館に観に行きました。でも、レッドボーンって、絶対サングラスを取らない＝正体を謎にしているキャラクターでしたから、映画を観る時にはどうするんだろ？と思っていたら、映画館に入るなり「お前たちは前で観ろ。オレは後ろで観る」と言って、サングラスをはずして後ろで観ていました。実は、振り向いたときにちょっとだけ素顔を目撃してしまったのですが、エリオット・グールドのような良い男でした。

京都では拾得でライブをしましたが、テープでの音楽出しからPA、影絵パフォーマンスの照明まで、私が担当しました。なにしろスタッフは私だけだったのでやらざるを得なかったという。

オーティス・クレイ（1978年・4月）

サザン・ソウルの大立者です。ちょうどボブ・シーガーとシルバー・バレット・バンドの『暴走マイ・ライフ』がヒットしていた頃で、オリジナルのオーティス・クレイにも注目が集まった頃だったので、各地で盛大な歓待を受けました。バックもいい加減なツアー・バンドではなくしっかりしたサウンドで、評論家の方々にも評判が良かったのですが、それ以上にソウル大好きな湯村輝彦さんや永井博さんが大協力をしてくれました。

夜に移動するとき、何台かのタクシーに乗車拒否にあったのですが、メンバーが「ああ、やはり俺たちが黒人だから乗せないんだろ？」と忌々しそうに言ったのを聞いて、根深いアメリカの人種差別を肌で感じました。もちろん普通の乗車拒否だったんですが……。

フライング・ブリトー・ブラザーズ（1978年・5月）

東京公演は九段会館で、この奇妙なビルが彼らに受けていました。和のテイストを取り入れた帝冠様式が欧米人には珍しかったんだと思います。「昔は軍人会館と言って……」と説明したら妙に納得していましたっけ。この時のライブの内容がなかなか良くて、日本コロムビアのベターデイズ・レーベルから実況録音盤が発売されました。私がカバー・アートを担当させてもらっています。今でもアメリカのRelixレコードで発売していますから、名盤……になったのでしょうか？

ペダル・スティールのスニーキー・ピートはしばらく音楽シーンから遠ざかっていて、ひさびさの復活でしたが、プレイはバッチリでした。そして休業期にやっていた仕事が「ストップ・モーション・アニメーター」と聞いてビックリ。つまり人形やモノをコマ撮りでアニメートするわけで、私もかつて手掛けていた仕事。二人とも先駆者のジョージ・パルが大好きだとわかり、大いに盛り上がったのがいい思い出です。90年代にリリースされたジョージ・パルのDVDコレクションBOXのイントロ・アニメーションに彼の名前がクレジットされていて驚きました。来日時は「日立のエアコンが飛んでいくCMを作ったよ」と言っていました。

浅草寺でジャケット用の写真を撮ったりして、彼らも日本を楽しんで行ってくれたようです。

レヴォン・ヘルム&RCOオールスターズ（1978年6月）

レヴォン・ヘルム&RCOオールスターズは大所帯の来日。メンバーも、ボビー・チャールズのゲスト出演やスティーヴ・クロッパー（ギター）、ドナルド・ダック・ダン（ベース）など、レジェンド揃いのすごいコンサートでした。ホーン・セクションもあわせて、のちのブルース・ブラザーズ・バンドの母体とも言える編成でした。みんな気さくで偉ぶってなかった。ウィリー・ホール（ドラム）が風邪をひいて医者に連れて行きましたが、慣れない医療用語の通訳に苦労したり、マンドリンのチューニングをスタッフに教えたり……追っかけがうるさいので陽動作戦でまいたこともありました。この時、ちょうど彼らが懇意にしていた久保田麻琴氏が『SECOND LINE』の制作中で、レヴォン・ヘルム、クロッパー、ダック・ダンなどを引き連れて赤坂のコロムビア・スタジオを訪問。彼らが「ROOCHOO GUMBO ～ HOODOO CHUNKO」にコーラス参加しました。録音収録後もスタジオの楽器で遊んでいたら、細野晴臣さんに「うるさいんだけどぉ……」と叱られてしま

1978年、レヴォン・ヘルム＆RCOオールスターズの一員として来日したスティーヴ・クロッパーとあしゅら。

いました。

デヴィッド・リンドレーとテリー・リード

単独のコンサートはやらなかったけれど、大阪の南港であったフェスティバルのために招聘したのがデヴィッド・リンドレーとテリー・リードでした。麻田さんはジャクソン・ブラウンやリンドレーとはプロモーターの事業をやる以前から懇意にしていて、うまくスケジュールがあったので実現したようです。私は、彼ら二人を関西に連れて行くことになりました。

さて、この時の日程は、大阪に行く前に、京都は嵐山の日本旅館でのお泊りが組み込まれていました。純粋におもてなしの宿泊で、夜には渡月橋の近辺で鵜飼を観覧。その後、爆竹で遊んだり、かき氷を食べたりして二人でおおはしゃぎ。天罰として腹下しになってしまったのも、いい思い出です。

大阪南港でのフェスティバルには、河内屋菊水丸さんと久保田麻琴とサンセット・ギャングが出演していましたが、彼らの「河内音頭」と「ハイサイおじさん」に、リンドレーがショックを受けました。「なんじゃこれ！」という今まで聴いたことのない音に触れた衝撃があったようです。そのあとは質問攻めで、私が沖縄音楽や河内音頭についての講釈を垂れて、帰りの新幹線で歌詞も教えてあげました。

その後、東京に帰って来て、「麻琴さんなら麻田さんに紹介してもらえば?」と伝えたところそれが実現し、デヴィッドは麻琴さんから「こういう音楽にはテスコのギターが最高なんだ」と教わったようです。

実は、リンドレーは以前に麻田さんからテスコのラップ・スティール・ギターとアンプをセットでプレゼントされていたのですが、それまではあまりピンと来ていなかったみたい。で、南港のフェスで、「夕焼け楽団や菊水丸たちが使っているヘンなギターは何だ?」という話になり、「テスコは菊水丸のような河内音頭にもバッチリで、とにかくトゥワング・トーンの中のガツンとくる低音が最高なんだ」とか教えてあげたわけです。私が教えた時は半信半疑だったのだろうけれど、麻琴さんからも同様のことを聞いて、やっと信用したらしい。

こうして彼は、沖縄音楽とテスコ、この2つのキーワードを手にして、アメリカに帰りました。『エル・ラーヨ・エキス』ではテスコのK4Lを使用し、ライ・クーダーにも伝授したらしい。そして二年してから出たライ・クーダーのアルバム『ゲット・リズム』で、「バック・トゥ・ザ・オキナワ」が入っていました。このとき配布された広報資料を見ると、テスコのポテト・ギターをライも弾いている。いろいろ試してみた結果、ゴールドフォイル・ピックアップの音が好きになったようで、ライはその後デヴィッドからもらったストラトキャスターにこのピックアップを装着し、メインで使用して「クーダー・キャスター」の名前で有名になりました。

思えば、たった三年の間に随分いろいろなアーティストを招聘したものです。私は、この後グラハム・パーカーとルーモア、エルヴィス・コステロくらいまでで、トムス・キャビンから遠ざかることになります。

コステロが、まず「銀座でもってパレードやりてぇ」とかなんとか言い出して、トラックをチャーターして、街頭で演奏して大騒ぎになりました。その頃から「あ、私はもうついてけないかも」って思うようになってしまいました。この頃には他のスタッフも育って来ていたので、自分の仕事を優先して辞めることにしました。

●Tシャツやプログラム

77年頃のプログラムは、麻田さんがパロディが大好きだったので、パロディ・シリーズがほとんどです。ガイ・クラークは、シティ・オブ・サンフランシスコの「City」のロゴと「Guy」のロゴを同じにして雰囲気も寄せてあります。トム・ウェイツのときは「LIFE」のパロディ。マッド・エイカーズの「MAD」はわかりやすいですよね。ジェフとエイモスは、「ナショナル・ランプーン」のパロディで「ナチュラル・スナップーン」。これはジェフの大好きな言葉＝Life is Snapとの造語で、麻田さんに絵を描いてもらいました。ジェシ・コリン・ヤングが「TIME」のパロディ。「Have a Good TIME」と書いてあります。パロディ路線はそこらへんまでかな？ あの頃はまだ、パロディが大目（というか曖昧）に見られていた時代でしたから。勧告を受けたら直せばいいというスタンスも、かなりアメリカ的だったと思います。

その頃までの既存のプログラムと言えば、写真が掲載されているだけのお土産グッズだったので、できるだけ資料性を持たせるように、記事の充実を図りました。ところが、アーティストによっては、何も資料も写真も送って来ない。仕方がないので日本側で音楽評論家の方に執筆してもらったり、私たちの研究成果を記事にしたものもありました。

Tシャツ・マーチャンダイズも、日本ではけっこう早かったはずです。アメリカでは60年代後半から市民権を得たTシャツは、フェスとかライブに行けば、お土産として売られていて、アート的にも注目され始めていました。ちょうど70年代の初期くらいに、アメリカで『Tシャツ・オブ・Tシャツ』っていう本が出版されたころで、「これからはTシャツだ！ デザイン的にいけてるやつがいい！」と盛り上がりました。麻田さんも好きでしたから「だよな」ということで、最初のグリスマン・クインテットのときからTシャツを作りました。

真鍋立彦さんのデザインしたロゴが主体のものや、パロディ・プログラムをそのままTシャツにしたり、もちろんちゃんとTシャツ用にデザインしたものも作りました。ジェフとエイモスの初来日時は、彼らの友人のエリック・ヴォン・シュミットの絵を使っています。湯村輝彦さんや永井博さんにお願いしたこともありました。こうやって振り返ってみると、とてもバラエティに富んでいて、アーティストの音楽性も盛り込めているのではないかと思います。

当初はそれまでのお付き合いでVANに作ってもらっていましたが、ほどなく、トムスに出入りするようになっていた美大生のマーチン荻沢氏と高橋キンタロー氏がシルク・スクリーンのノウハウを持っていたので、彼ら主体で、自前プリントで製作するようになりました。こうすることで好みのTシャツ・メーカーが使えるようになり、私はヘインズ押しでした。ただTシャツ原理主義者の中でも派閥があって、毎回ブランドが変わっていた頃もあります。実は、湯村さんや永井さんはキンタロー氏とマーチン氏の美大の先輩で近しい関係だったので、イラストをお願いできました。

　ちなみに90年代に復活したトムス・キャビンからは、私がすべてのTシャツのデザイン&イラストを担当しています。描いている時は、アーティストを想起しながら作成するわけですが、それが本人たちが気に入ってくれた時には、本当に喜びを感じます。

　いくつかのアーティストは、のちのアルバム・ジャケットに私の絵を採用してくれており、ありがたい限り。やはり自分が思い入れのあるアーティストのジャケットは使用されるのは格別の思いがありますね。

　今や、外タレという呼び方も消えて、毎週のように有名な海外アーティストがライブをやっています。観たいライブがあれば、アメリカに行ってしまう人たちも大勢いる時代になりました。

　でも、まだまだ日米の距離が遠かった……1ドルが二百円で海外渡航も大変だった時代。太平洋を越えるのが大変だった頃に、アメリカと同じ音楽状況を目指したのがトムス・キャビンでした。

　私はと言えば、この頃に知り合っていまだにお付き合いしているアーティストがたくさんいます。考えてみれば40年もの付き合いになるわけで、そんな人たちと知り会えたのもトムス・キャビンのおかげだと思っています。

CROSS TALK スペシャル対談

麻田 浩 × ピーター・バラカン

もっと多様な音楽を！

ライヴ・マジックのキュレイターを務めるなど、近年はコンサートの主催者としての顔も見せるようになってきたピーター・バラカン。そしてプロモーターとしては一日の長がある麻田浩。片やロンドン、片や横浜育ちながら、その音楽観や知見にはずいぶんと相通じるところが多いように見える。そんなお二人の対談は、トムス・キャビンの思い出に始まり、国内外のフェス事情、音楽ビジネスの変遷、これからの課題など、さまざまなテーマが縦横無尽に飛び交う、圧巻の言葉のラリーとなった。

撮影：TAK岡見

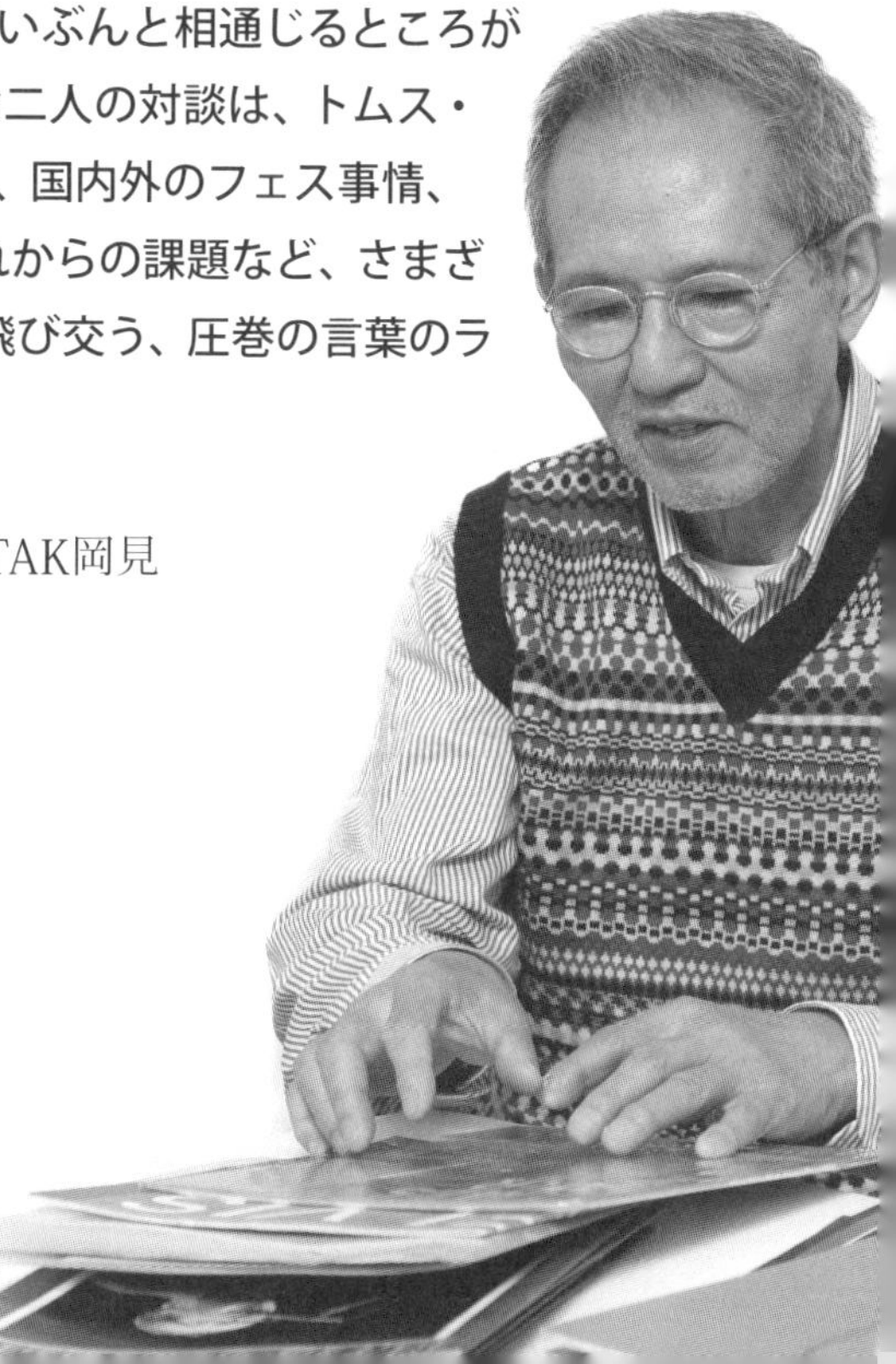

❖トムス・キャビンの思い出

麻田　最初に会ったのは、たぶんピーターがシンコー・ミュージックにいた頃だよね？

バラカン　そうだね。トムス・キャビンのコンサートで、僕が初めて観たのは、たぶんデイヴィッド・グリスマンのクインテット。

麻田　じゃあ、もういちばん最初から観てるんだ。

バラカン　グリスマンはものすごい衝撃でしたよ。あの頃の洋楽のコンサートの興行っていったら、まあ、ウドー、キョードー、ユニバーサル。だいたいその三つくらいがメインだったのかな。クアトロみたいなライヴ・ハウスもまだ全然なかったからね。だいたい二千人クラスくらいの新宿厚生年金とか、中野サンプラザだとか、渋谷公会堂だとか、そういうホールばっかりで。それがいっぱいになるようなアーティストじゃなければどこも呼ばないっていう印象だったんですよ。だから、「お、そうか、こういうのもありなんだ」って、すごいうれしかった。とにかくトムス・キャビンのコンサートはよく行ってた。全部ではもちろんないけれど。70年代はトム・ウェイツはもちろん観てるし、エルヴィス・コステロも……。エルヴィス・コステロは最初に麻田さんが呼んでたというのは、正直言って覚えてなかったの。しばらく前になんかの資料を見て、あ、そうだったんだと。

麻田　トムス・キャビンは、おおむねシンガー・ソングライターで始まったんだけど、僕、けっこうすぐ飽きちゃうんで、次にサザン・ソウルみたいなのをやったんですよ。O・V・ライト、オーティス・クレイ、そこらへんをやって、そうしたらまたちょっと面白くなくなってきた。そんなときに、たぶんビルボードだと思うんだけど、スティッフっていうイギリスのレコード会社の記事を読んで、ジェイク・リヴィエラって人を見つけて電話したんです（笑）。

バラカン　いきなり？　ほんと？　麻田さんのバックグラウンドは、フォークやカントリーだっていうことを、ずいぶんあとになって知ったんだけど、それを考えるとね、70年代後半のいわゆるニュー・ウェイヴの流れの人たちをやったのは、やや意外な感じがする。

麻田　そうだね。みんなに言われた。それまでのトムスのファンの人たちって、やっぱりシンガー・ソングライターとか、アメリカのカントリー系、ブルーグラス系だったりとか、そういう感じの音楽を聴いていた人がほとんどだったから、急にイギリスのニュー・ウェイヴみたいなのやってどうかなって。自分でもやるときにはすごく心配だったけど。

バラカン でも、呼んだバンドは、みんな自分が個人的に好きだったんでしょ？

麻田 そうだね。基本的に僕が好きな、自分が観たいバンドを呼ぶみたいなことだったね。

バラカン いや、トムス・キャビンの規模だったら、そうせざるを得ないでしょ。でも、あの時代に、そういう人たちを呼んで、これは儲かるものだという感じはありました？

麻田 シンガー・ソングライターは、自分としては採算が取れるんだろうなと思って始めたんだけどね。でも、それが意外と入るというのがわかると、どんどんウドーさんとかキョードーさんがやりだした（笑）。

バラカン ああ、そうか！ 逆にそういうことになるんだな。じゃあ常に、大手が手をつけない人たちを先に見つけてやってかないと続かないっていう……。

麻田 そうそう。隙間産業（笑）。

❖パンク期に起きたパラダイム・シフト

バラカン トーキング・ヘッズを招聘したのも79年だから、『リメイン・イン・ライト』のちょっと前か。すごい早いですね。麻田さんが呼ぶのは、チャートに上がってるものよりも、本格的な音楽をやってる人たちのほう。だからビジネスマンの感覚じゃなくて、やっぱり音楽が根っから好きで呼んでいる……そんな印象ですね。時期もけっこう早いし。もっと知名度が上がってきたら、それこそウドーあたりが手を出したりするんだろうけど。でも、逆にこの時期に麻田さんが呼んだことで知名度が上がった部分もあるんじゃないですか。来日すればレコード会社が少しはプロモーションする気にもなるし、ラジオ局も少しは気にするし、いろいろと露出が増えてくるからね。一般の人たちもそれまで気づかなかったものに初めて気づくきっかけにもなりますから。それはすごく大事ですよ、こういう早い時期に呼ぶっていうのは。僕はそう思う。

麻田 ほんとにそれまで僕は、イギリスのアーティストを呼んだことはなかったの。グラハム・パーカーが最初だったんですよ。だからすごい驚いた。アメリカのアーティストってお となしいし、そんなに悪さもしないけど、イギリスのアーティストはすごかったから（笑）。それと同時に、イギリスがああいう形で音楽をやりだしたっていうのが、僕にとってはすごく新鮮だった。それまで僕のやるアーティストは、日本でもちゃんとレコード会社がついてたりとか、そういう形でレコードを出すというのが当たり前だったじゃない。それが大手に頼らず、みんなで一緒になってバスに乗ってツアーで回ったりとかね。

バラカン　いや、イギリスでもあのときが初めてですよ、たぶん。スティッフはほんとに画期的なことをやった会社でね。あのジェイク・リヴィエラってのは、けっこうぶっとんだ人なんです。

麻田　そうなんですよね。ほら、僕なんか、言ってみれば呼び屋さんの中ではインディーズじゃないですか（笑）。だからそういったところにものすごく共鳴したっていうかね。それでちょっと話を聞いたら、「イギリスじゃそんなに売れないんだけども、日本を含めた世界中で売れればビジネスになるんだよ」みたいなこと言ってたから、へぇ、そういうビジネスのやり方なんだなと思って、感心した。

バラカン　そうだね。もちろん独立系のレコード会社はイギリスでも昔からあるにはあったんですけど、でも、インディーズのレーベルが力を持つようになったのは、やっぱりあのパンクの時期。ラフ・トレイドっていう会社がインディーズのための全国配給を請け負った。これはもう革命的な事件だったんですね。日本でヴィヴィッド・サウンドが配給をやるようになったのはもっとあとで、最初はレーベルだけだったはず。ラフ・トレイドはね、レーベルだけじゃなくて――最初はレコード店から始まってるんだけど――配給会社としても一人でやってるようなインディ・レーベルをみんな引き受けて、イギリス全国のレコード店に卸してたから。おかげで、どんなにちっぽけなインディ・レーベルでも販売網を持てるようになった。それでパンクの時代から、イギリスの音楽業界はもうガラリと変わっちゃったんですね。まあそういうことだけじゃなくて、やっぱりパンクっていうのは、いちばん初期のロックンロールと同じような、ちょっと悪ガキ的な音楽で、若干暴れるようなところがある。プロモーターとしては大変だったと思うな（笑）。

麻田　うちでもいろいろなことあったからね（笑）。でもほんとに僕はね、そういうビジネスをやってるんだっていうのは、すごく感じた。音楽的にもそうだけども、ビジネス的にもそういうのってありなんだなと。

バラカン　そうだよね。それまではほんとに全部が大手中心に回ってたから。さっき麻田さんが言った、「全世界で少しずつ売れれば物になる」っていう、その感覚は……新しかったんだろうな。あの時期には。

❖若い時の7歳の違いは大きい？

バラカン　僕が日本に来たのは、シンコー・ミュージックのいわゆるサブ・パブリシング……海外の著作権を取得する業務のためだった。僕がどういう仕事をしていたかというと、主に海外の出版社との手紙のやり取りだったんです。シンコーは海外の著作権をたくさん持ってたから、いろんな出版社との手紙のやり取りが毎日かなりあったんです。それで英語で手紙が書ける人間が必要だから、イギリスで僕を雇ったというわけ。

麻田　僕はバラカンが日本に来てすぐに会ってたはず。シンコー・ミュージックで、ちらっとそういう洋楽の話をしたことは覚えてる。

バラカン　音楽の嗜好はだいたい合いますよね。たぶん僕より麻田さんのほうが多少広いかもしれない。

麻田　そうかな？　僕はピーターよりどれくらい上なんだろう？　僕は44年生まれなんだけど。

バラカン　ああ、じゃあけっこう違うんだ。僕は51年生まれだから7歳違い。それは大きいんですよ、意外に。いまはそうでもないけれど、若いときの7歳差は大きいんです。エルヴィス・プレスリーはリアルタイムで聴いていました？

麻田　そこまでリアルタイムじゃないんだけど、ラジオではかかってたね。その頃はFENを毎日のように聴いてたから。

バラカン　44年生まれってことは、国内で洋楽のカバーをやってた人たちにしても、かなり早くにリアルタイムに聴いているはずだから、感覚がそのぶん早熟っていうか、詳しくなるのが早いんですよね。麻田さんと僕の間ぐらいの年齢の女性と日本に来てから仲良くなったんだけど、昔の音楽の話で面白かったことがあったんですよ。僕はストーンズが大好きなんですね。ストーンズがデビューしたのは僕が12歳のときだから、もろにその影響を受けるような年だったけど、彼女はね、ローリング・ストーンズはつまんないっていうわけ。なぜかというと、彼らがコピーしていた音楽をリアルタイムで聴いてたから。

麻田　そうそう。僕なんかもまったく同じですよ。

バラカン　しかも最初はわりとヘタじゃないですか。でもそのルーツを知らない子は、それでよかったんですよ（笑）。

麻田　僕の場合は、ビートルズはほんとに「なんだこんなのチャック・ベリーのコピーじゃないの」って思っちゃったから。それがすごく間違いだった（笑）。

バラカン　でも誰でも、とくに若いときは、自分の体験でものを判断するからね。僕は子供のときから、いわゆるブリティッシュ・インヴェイジョンの時代でも、好きなレコードと嫌いなレコードがはっきり分かれていて、なんかこう、ヒット狙いっていうか、計算されたような子供だましっぽいヤツが全然だめだったんですよ。12、13歳の頃から。この感覚はなんなのかよくわかんない。特別知識があったわけじゃないからね。でもすごい好き嫌いがあって、クリスマス・プレゼントで親戚から嫌いなミュージシャンのシングル盤もらって、翌日にそれをレコード屋さんに持ってって、「頼むから交換して」ってやったことがあります（笑）。

麻田　僕はそこまで好き嫌いはないと思うけど、節操がないんだよね（笑）。ただ、自分が聴きたい音楽っていうのが根底にあるから、それで気に入らないのは呼ばないけど……。

バラカン　少なくともライヴ・マジックではね、自分が個人的には好きじゃないけど、まあ売れそうだからやろう……って仮に決めたとしても、それを宣伝しなきゃいけないのは僕だから。自分で気持ちの入ってないものを他人に「いいですよ」なんて言っても、たぶん顔に出るからだめですよ（笑）。やっぱり自分が好きなものじゃないと力が入らない。

麻田　そうかもしれないね。

バラカン　小規模でやってると、とにかく全部自分でやるでしょ？

麻田　そうなんだよね。どうしても、自分がやりたいもの、自分が聴きたいものになっちゃう。それと僕はSXSWに行ってるから、毎年まったく無名の人をいっぱい観たり聴いたりするんですよ。まず今年の出演者を見て、ざーっと聴いてみて、面白いなと思ったら観に行く。そういうのはやっぱり、なんていうか、自分の好き嫌いですね（笑）。

バラカン　まあ要するに、自分の何かにこう引っかかるっていう……。

麻田　そうそうそう。だから引っかかってるのにやれなかったのは、ほんとにくやしい。J・J・ケールも、最後の彼のツアーに行って「ぜひ日本に」って言ったら、「日本か、遠いからな……」ってひとことで返されちゃった（笑）。

バラカン　意外にそう思ってるアーティストって多いんだよね。ギリアン・ウェルチなんかもそうだし、アリソン・クラウスなんかもそうだし。遠出をしたがらないっていうミュージシャンはけっこういますよ。

麻田 あとは何と言ってもヴァン・モリソン。彼もほんとに長い飛行機に乗らないみたいで、来てくれない。最近ハワイまで来てるのにね。4時間でしょ？ ロスからハワイまでは。

バラカン あの人いまはイギリスにいるからね。まずアメリカまで行って、それから……。

麻田 アメリカでツアーやって、サンフランシスコかロザンゼルスからハワイまで行ってるんだよね。

バラカン あんまり日本に興味ないんじゃないかな？ たぶん。興味あれば来てるはずだから。

❖ライヴ・マジックの裏事情

バラカン ライヴ・マジックは、ちょうど中途半端な規模でね。会場のガーデンホールは、スタンディングでギューギュー詰めたとしても千五百人くらいなんです。そのぐらいだと、じゃあギャラはどれくらい出せるかって言ったらね、大物は呼べない。アメリカではそこそこ知られていても日本での知名度がないと難しい。というのは、ライヴ・マジック以外のいくつか単独公演をやらないとアーティスト側がペイしないから。知名度がないとその単独公演を買ってくれる人がいないんです。だからいま、ほんとに難しい。毎回毎回予算を切り詰めてやってます。向こうでもあまり知られてなくて、日本では誰も知らないけど、とてもいい人たちは大勢いるからね。なんとかそれでうまく回して、ちょっとクロが出るときと、2017年みたいに内容は素晴らしいけどアカになったっていう、その繰り返しだからね。麻田さんもそういう経験はたくさんあるでしょ？

麻田 アカになったのはいっぱいだよ（笑）。

バラカン ライヴ・マジックを始めるまでは、僕はもうずーっと観るほうだったんです。どこも呼ばないアーティストでライヴを観たい人はたくさんいるから、どうやったら来日が可能になるかなっていうことは昔からよく考えていたけど。でも自分でそんなことできるわけないし、どこも手を付けないってことは、おそらくそんな簡単にいかないってことだから(笑)、最悪の場合、アメリカに行って聴くしかないなと。だからライヴ・マジックを開催する機会をもらったときにはね、ものになるかどうかはわからないけど、まあとりあえずやってみようとは思った。大変ですけどね。だから、最近になって麻田さんの苦労はよくわかる（笑）。

麻田　僕はライヴ・マジックは素晴らしいと思うよ。いまだにあの規模でああいうアーティストが呼べるっていうのはすごいと思う（笑）。僕なんかできないよ、いま。

バラカン　ライヴ・マジックは全部僕が選んだアーティストだから、一組一組全部紹介するんですよ。ライブが終わったあとにお客さんの反応がステージの後ろから見てわかるからね。それでみんなノリノリになってるとね、ああよかったー、じゃあ来年もまたやっぱりやろうってなるんです。

麻田　それがすごいよね。だからやっぱりピーターがやってるからお客さんが来るというのもあるはず。僕が思うにね、「ピーターさんが推薦してくれるんだからいい音楽だろう」という風にみんな思うんだよね。それがすばらしいなと思う。僕にはそういう信用がないよ、まったく（笑）。

バラカン　いやいや。お互いに協力しあえればいいよね。さっきも言ったように、ライヴ・マジック単独で人を呼ぶのはなかなか成立しにくいから、麻田さんにツアーを組んでいただいて、それでお互いにいいことになれば……ね。そういえば、デイヴィッド・リンドリーを呼んでほしいっていう人も多いですよね。

麻田　あ、ほんと？　やりましょうよ。

バラカン　でも、あの人も出不精でしょ？

麻田　いや、そんなことないよ。僕はもう何回もやってるから。

バラカン　最後に来たのはいつだっけ？

麻田　そう言えば、ずいぶんやってないかも。ただね、もう荷物がすっごく多いの。楽器がバーッてたくさんあるからね（笑）。

❖世界にはいろいろなフェスがある

バラカン　大手のプロモーターは、もうお金になるものしかやらない。それはもちろんビジネスだから、仕方ないと思うんです。でもやっぱりね、大きなビジネスにはならないけれど、トントンになればいいような良い音楽をやる者がいてもいいんじゃないか、って。

麻田　そういう意味では、アメリカにはほんとにいろんなフェスがあるじゃないですか。僕、マール・フェスも行ったことあるし、あとはサンフランシスコでやってるハードリー・ストリクトリー・ブルーグラス（編注：3日間にわたって行なわれる大規模なミュージック・フェスティバル。ブルーグラス、ブルース、ロック、カントリー、ディキシーランド、ザディコなど、さまざまなジャンルのアーティストが百組以上も登場する）も行ったことがあるよ。

バラカン あのフェスは無料だよね。

麻田 そう、タダなの。あれはＩＴで大金持ちになった人が始めたフェス。本人はバンジョー弾きだったみたい。ヘタなバンジョーなんだけど（笑）。

バラカン でも死んじゃった後も続いてるよね。

麻田 彼がね、死ぬときにあと十年はできるように算段してくれてたみたい。だから、そのお金で運用してるんじゃないかな。

バラカン 僕もあれは一度行きたいな。９月だっけ？

麻田 10月の頭かな。あれはすごい、ほんとに。あそこの面白いところはね、ボズ・スキャッグスは最初に出たときに、バディ・ミラーをバックにつけてカントリーをやったんです。「僕、テキサスに生まれて、小さい頃からこういう歌を聴いて育ったんだよ」って言ってカントリーをやった（笑）。そこで初めて彼のカントリーを聴きましたよ。

バラカン あの人は、デビュー・アルバムでジミー・ロジャーズの曲を取り上げたりしてるよね？

麻田 うん、そうそう。あそこの面白いところは、そういうことがけっこうあるからね。

バラカン 日本でもサンフランシスコと同じようなＩＴの大富豪、孫（正義）さんみたいな人がやれば、十分できるよね（笑）。

麻田 形態は違うけど、フジロックは、僕はすごくいいと思ってますよ。たとえばボブ・ディランまで来たじゃないですか。たぶんあそこに来てる若い人で、ディランをちゃんと聴いた人なんて、誰もいないって言ってもいいくらいじゃないかなと思うのね。

バラカン でもフジロックに来る若い人は最近少なくなったかもしれない。けっこう平均年齢が上がってきてるから。だからこそディランなんじゃないのかな？

麻田 なるほど。でも一昨年はすごく若い人も多かったよ。小沢健二やコーネリアスが出たときとか。だから、若い人多いなぁと思ったんだけど、まあ、僕が若いと思っても、若い人から見たらそこそこいい歳なのかもしれない（笑）。あとは、昔あそこにマーク・リボーと偽キューバ人も出してもらったし。去年もセラミック・ドッグが出たし……。

バラカン マーク・リボーと偽キューバ人がフジロックの翌日に渋谷クラブクアトロでやった時に行ったんだけど、もうとんでもないことになってたよね（笑）。たぶんフジロックの話題が、SNSとかで広まったんだろうね。前売りがそんなによくなかったみたいなのに、当日になって、うわーっと倍くらい売れたっていう。そんな勢いだったから、もう会場でも動けないんですよ。最後までいたらちょっと苦痛かなって思うくらいのぎゅーぎゅー詰めだった。

麻田　あの時は、あれでも百人近く返したんですよ、もう入り切れなくて。

バラカン　あの日はすごかったね、ほんとに（笑）。これまでのトムス・キャビンの中でも、そういう意味では一番忘れられないかも（笑）。

麻田　フジロックで大勢の人たちがマーク・リボーを観たことで、「こりゃすごい」ってなって、たぶん電話でみんな友達に「明日クアトロあるみたいだから行こうよ！」って言ったんじゃないのかな？　そういう口コミはある意味で理想的ですよ。

❖海外に売り込むには

麻田　日本のアーティストを世界に売り込んだのは、ピーターのほうが先輩だよね？　ＹＭＯで（笑）。

バラカン　あー、まぁ……！　いや、でもね、僕がＹＭＯの仕事をしてた時期って、なんとか向こうの会社に少し出版権を持ってもらって、それでレコードが出せればっていう考えだったけどね。80年代のあの頃って、まだまだ早かった。アメリカにしてもヨーロッパにしてもね、まだ日本の音楽を聴くことに興味を持っている人はあんまりいなかった。だから、頑張ったけどあんまり実らなかった。いまは逆にね、どうしてこんなに急にみんな日本の音楽に注目してるんだろうって不思議なくらい。

麻田　シンコー辞めてＹＭＯの事務所（ヨロシタ・ミュージック）に入ったのはいつ頃だっけ？

バラカン　80年の終わりですね。86年までいました。まあ、ＹＭＯは83年に解散しちゃったから、教授（坂本龍一）とアッコちゃん（矢野顕子）の仕事を中心にしてたんですけど。僕もね、ちょうど放送の仕事を同時進行でやるようになっていた時期で、ヨロシタ・ミュージックの仕事がそんなに忙しくないときはラジオ、途中からテレビもやるようになった。麻田さんが関わってるＳＸＳＷができたのってもっと最近の話ですよね？　２０００年くらい？

麻田　いや、もう30年前。だって、僕が関わりだしてもう23年か24年だよ。

バラカン　え！　そんなになる？　90年代からあったの？　ほんと？

麻田　そうそう。ピチカート・ファイヴをアメリカに売り込んで、そのあとすぐだったから。

バラカン　そんなに早かったんだ。ジャパニーズ・デーみたいなのをやり始めたのもその頃から？

麻田　うん。そうなの。ジャパン・ナイトをやりだしたのがその頃だから、もう20何年やってる。

バラカン　そんなに長いとは知らなかった。SXSWを僕が最初に知ったのは、たぶん90年代の終わりか、2000年前後だったと思うけど、いまに比べたら全然まだ規模が小さかったよね。

麻田　前は音楽だけだったしね。いまはもうSXSWフィルムはあるし、インタラクティブもあるし。……まあ、インタラクティブがいまは一番大きいんだけどね。あとはエデュケーションっていうのもある。Ed Techみたいなヤツが。

バラカン　じゃあ麻田さんが関わりだした頃は、かなり規模が小さかったの？

麻田　そう。まだ小さかったね。

バラカン　わりとオルト・カントリーみたいなのが中心？

麻田　いや、そんなことないよ。テキサス・オースティンだから、ブルースもあるし、音楽はもう全部。なんでもあったね。

バラカン　ジャパン・ナイトの反響は最初はどうだった？

麻田　最初は、プレ・ジャパン・ナイトみたいなのに、ロリータ18号と、パグスというホッピー神山がやってたバンドを連れていったの。そうしたらパグスはすぐにレコードを出すことができて、次の年にロラパルーザ（編注：91年にジェーンズ・アディクションのペリー・ファレルが組織したツアー型のロック・フェスティバル）にも出演した。ロリータはその二年ぐらいあとにドイツのBMGと契約してヨーロッパ・ツアー何回もやったりとかしたね。

バラカン　そういう風に、もっと大きいフェスティヴァルに出るようになったりとか、レコード契約が決まったりとかってことはコンスタントにあったの？

麻田　いや、なかなかそれは。とくに最近は難しいね。レコード・ビジネスの形態がもう変わっちゃったから。昔は向こうのレコード会社が、比較的サポートをしてくれたけど、今はもう、ほとんどそういうことはないからね。反対に言うと、自分でやればいいという(笑)。だからSXSWにしても、ニューヨークから見て、オースティンって「サウス・バイ・サウス・ウェスト」なんですよ。そういう地域にいた人が、ニューヨークとかロサンゼルスに行かなくても自分たちが売っていくにはどうしたらいいか、っていう勉強会からスタートしてるから。だから、そういう意味でも、今はもうバンドが自分たちでいろんなことやる時代になっちゃったんですよね。

❖アジアを結べ

バラカン　日本の音楽の将来について考えると、まず日本人が、もう少し日本以外のことに関心を持ってもらえたらいいなぁと思うんですね。でもそうなるためには、たとえばラジオ局がもっと多様な音楽を選んだり、テレビでいろんな国の事情を真面目に取り上げたりする必要がある。真面目にっていっても、もちろんエンタテインメントにもなるような、そういう取り上げ方。日本に限らずなんですけどね、いま世界的にいろんな国がかなり内向きになっていて、たとえば移民排斥だったりとかね、そういう動きが残念ながらある。ちょっと負のスパイラルに入ってるというか。70年代のように戻るってことはまずないと思うし、業界全体も全部変わっちゃってるけど、いまのままだとちょっと残念な感じがありますね。でもどうやって変えていったらいいのか？　麻田さんのやってることも小規模だし、僕のやってることはもっと小規模ですし（笑）。うーん……。まあでも、次の人たちのニーズに応えてやり続けるしかないね、とりあえずは。あとは、麻田さんも中国に関わっているそうだけど、韓国なんかでもわりと大きな、いろんなジャンルのミュージシャンが世界中から集まるようなフェスティヴァルがあったりするみたいですね。

麻田　台湾もそうですよ。こないだアイアン&ワインも行ってたみたい。僕も昔日本でやってるのに、その話は全然来なかった（笑）。なんか台湾だけ行って帰るらしいんだけども(笑)。

バラカン　だから呼び屋……っていうか、コンサート・プロモーター同士のネットワークを組むこともすごく必要だと思う。日本、中国、台湾、香港、シンガポールなどなど。アジアを回れれば、それこそ飛行機のチケットが安くなるし、みんなで経費を折半できるから。アーティストにとってもいいことだと思うし、音楽ファンも単独でだったら観られないようなアーティストが観やすくなる。実際にいまそれをすごくやりたいなと思ってますね。残念ながら僕は自分のラジオとかの仕事で東京からなかなか離れられないけど、麻田さんの知恵を借りたりしながら進めていきたい。ほかにもついこの前、マイクロアクションというところの根木龍一さんと言う人とお会いしたんですけど、彼はアジア諸国をいろいろ回って、いまも韓国のコンサート、イベント関係者のコンヴェンションかなんかをやってるんですって。だからね、そうした活動は急務だと思ってます。そういえば、細野（晴臣）さんも去年アジアでやっていましたよね。

麻田　台湾と香港でコンサートをやったみたいだね。

バラカン　そうそう。いっぱいになったらしい。しかもね、昔のYMOを知ってる人たちが来てるんだろうなと思ってたら、細野さんの最近の音楽をちゃんと聴いてるって言うんだよね。

麻田　僕もこないだ台湾に行ってきてね。細野くんのライブを企画した人は僕の知ってる人なんだけど、ちゃんとみんな新しい音楽を聴いてたみたい。反対にYMOファンはそんなにいなかったよ。

バラカン　日本に比べたら人口が極めて少ないけど、ちゃんとそういう音楽に対する関心を持ってる人たちがいるってことは、すごくいいことだと思う。

麻田　僕もまさにね、いまはそれをやりたいと思ってる。台湾と香港と中国と韓国と、あとできたらシンガポールあたりをつなげたい。それと、日本のアーティストがもっと売れてほしいなと思いますね。最近CHAIという女の子のバンドが向こうですごくウケて、レーベル契約して、うまくいってたりするから。それと、とくに京都なんかそうなんだけど、最近の若い子たちには、もう東京がいいとかいう感覚はないね。

バラカン　この前も誰かにそれを言われたな。東京以外のところに住みたがるミュージシャンたちが増えている。九州だったり、沖縄に住む人もいたり。他の国でもね、大都会を離れてもっと人間らしく生活できるところを選ぶ人が増えてるみたい。

麻田　いまはインターネットがあるからね。京都なんか、いますごく面白い。このあいだ福岡のバンドがSXSWに行ったけど、それも面白かったな。ちょっとソウルっぽくてね。アトラクションズっていったっけな？　さっきも言ったように、昔の音楽ビジネスのスタイルっていうのは、日本だけじゃなくて世界中にもうほとんどないから。昔みたいに、じゃあワーナー・ブラザーズで世界の契約、みたいなことってほんとにないからね。ただ、日本でインディーズの洋楽をほとんど一手に扱っているのは、ホステス・エンタテインメントだっけ?

バラカン うん、近年のライ・クーダーのアルバム『ザ・プロディガル・サン』も、日本ではそこから出てるからね。

麻田 そうそう。あれは親会社が一括して、世界中に配給するみたいになってる。だからホステスもその日本支社みたいな形みたい。

バラカン そうなんだ。あと、もうちょっとダンス・ミュージック寄りだったら、ビートインクも面白い。最近、この二社からプロモーションのメールが毎日複数届いてますよ。

麻田 ビートをやっているのは……誰だっけ?

バラカン レイ・ハーン。

麻田 そうそう。彼はXTCのロード・マネージャーだったんですよね。そのときに日本に来たの。

バラカン いまはブライアン・イーノの右腕でもやってますね。ビートインクも持っていながら。いまはその二つのレコード会社が活発だと思う。大手はね、自分が権利を持っていても、国内盤を出さないケースがすごく増えてるから。まあ、ストリーミングが普及してきてるっていうのがあるかもしれない。

❖ なぜ最近の音楽はつまらない?

バラカン 最近の音楽はつまらないと言う人もいるけど、アメリカのポップ・ミュージックも、80年代にMTVができたことがひとつの大きなターニングポイントで、レコード会社がみんなヴィデオを作んなきゃいけなくなっちゃったから、アルバム1枚を作る制作予算がものすごく膨れ上がった。70年代まではね、たとえば一番おもしろかったワーナー・リプリーズ、あそこがかなりシブい人たちのレコードを作り続けていたのは、制作予算がたぶんそれほどかかってないからだと思う。でも80年代になると、なかなかそれができなくなったもんだから、レコード会社がみんな保守的になっちゃった。新人と契約するときは、百万枚の見込みがないとなかなか契約できないみたいな。そうこうしているうちに、音楽が無難なものになっちゃった。ヒット狙いが多くなったりね。しかも、機械で音楽を作ることが多くなった。いまはもう完全にコンピュータの中で編集をするし、どんなに音程が違ってても直せるし、なんでも細かい編集ができちゃうからね。その時代その時代の流行りの音作りってあるから、こういう言い方をするとまあ「老人がまた」って言われるんだろうけど、どれを聴いてもみんな同じに聴こえちゃう。でも若い人はね、当然いまの音楽だから好きだと思うの。それはそれでしょうがないっていうか、当然なんでしょうけど……ちょっと面白くない（笑）。

麻田　だから僕はSXSW行ってるのがすごく幸せ。生で全部聴けるから。それはもうこの20何年ずっと聴いてたから（笑）。

バラカン　そうだよね。生だとまた全然違うからね。その実力がすぐにわかるよ。

僕はそこまで好き嫌いはないと思うけど、節操がないんだよね（笑）。ただ、自分が聴きたい音楽っていうのが根底にある。（麻田）
ライヴ・マジックを始めるまでは、僕はもうずーっと観るほうだったんです。最近になって麻田さんの苦労はよくわかる（笑）。（バラカン）

おわりに

こうして自分のやってきたことを振り返ると、もっとやりたいこともあったけど自分がやりたいと思ってスタートしたトムス・キャビンの目的は概ねできたのではないかと思う。僕がトムスをやり始めた頃は、呼び屋さんはみんなかなりの年配の人たちだった。プロモーター会議というのに出た時も30代は僕だけだった。他の方たちはほとんど50代の方たちばかり。何をやりたいのかと聞かれて、シンガー・ソングライターですと答えたら誰も知らなかった。だからトムス・キャビンを見てて、若者でもプロモーターができるんだと思った人も多かったと思う。

それと、今はまた地方に外タレが行くことが少なくなってしまい、アーティストによっては東京だけなんてこともあるらしいが、僕らはほんとによく地方に行った。それがどれだけ地方の音楽状況を変えたかと言われればよくわからないと答えるしかないのだが、例えばカナダのシンガー・ソングライターのブルース・コバーンは、盛岡のセロ弾きの小屋と、いまは東京本社にいる朝日新聞の篠崎さんという記者の方が中心となってやってくれたのだと思うが、ブルースが宮沢賢治が好きだということから始まった。盛岡の小さなライブハウス、僕は行ってないのでわからないけど、かなり小さなお店だったと聞いた。そういう地方と外国のミュージシャンの繋がりみたいのものは今ではほとんどないと思う。あの時セロ弾きの小屋にいた若者たちにブルースは何かを伝えられたのかな、また若者たちは何を感じ取ってくれたのかなとときどき思う。

あの頃はたくさんの若者たちがトムスのコンサートに関わってくれた。あの当時の若者は今60歳を過ぎてどういう暮らしをしているのだろうか。僕個人のことに関して言えば、こんなに幸せな人生はなかったと思う。倒産もあったし失敗したコンサートも数多くあった。でも基本的に自分が聴きたい観たいアーティストをやってきたから、言ってみればお客さんが僕の聴きたい観たいアーティストを聴かせて観せてくれたのだと思う。
トムスを始める時に相談に行ったあの当時は大洋音楽出版の社長だった永島達司さんが「麻田くん、興行はビジネスだよ。自分の好きなもんだけやっては駄目だよ」と音楽好きの僕を見てて忠告してくれたのだと思うが、結局は「永島さん、すいません。僕の好きなものだけやってしまいました」という感じだ。またユーミンには、「麻田さん一歩前じゃなくて半歩前よ」と言われたのに、やっぱり一歩前を行ってしまった。でもそれがトムスを支えてくれた多くの若者たちに支持されたのだと思う。
トムスを再開したダン・ペンとスプーナー・オールダムのコンサートの時、お客さんの中にエリック・アンダーセンのTシャツを着た人がいた。懐かしいですね、と話かけたら、「これが僕が行った最初の外タレのコンサートでその記念なんです。トムスが再開すると聞いて着てきました」と言ってくれた時は本当に嬉しかった。たぶん、あれからも多くのライブやコンサートに行ってきただろうその人が、最初の外タレコンサートのTシャツを着てきてくれるなんて、うれしいじゃないですか。あの時は本当にトムスをやってよかったと思いました。

この本を書いている時にも、僕が関わったアーティストやスタッフが亡くなった。その方たち、この本を書くように勧めてくれた奥さん、リットーミュージックの坂口さん、トムスの昔のスタッフ、ビジュアル面で世話になった方たち、たくさんのお客さん、そしてこんな無謀なことをやらしてくれた麻田澄江さんに感謝します。

２０１８年12月　麻田浩

聴かずに死ねるか！
小さな呼び屋トムス・キャビンの全仕事

著者　麻田 浩、奥 和宏

2019年1月18日　第1版1刷発行
定価（本体2,200円+税）
ISBN 978-4-8456-3263-3

【発行所】
株式会社リットーミュージック
〒101-0051 東京都千代田区神田神保町一丁目105番地
https://www.rittor-music.co.jp/

発行人　松本大輔
編集人　永島聡一郎

【乱丁・落丁などのお問い合わせ】
TEL：03-6837-5017 / FAX：03-6837-5023
service @ rittor-music.co.jp
受付時間／ 10:00-12:00、13:00-17:30（土日、祝祭日、年末年始の休業日を除く）

【書店様・販売会社様からのご注文受付】
リットーミュージック受注センター
TEL：048-424-2293 ／ FAX：048-424-2299

【本書の内容に関するお問い合わせ先】
info @ rittor-music.co.jp
本書の内容に関するご質問は、Eメールのみでお受けしております。お送りいただくメールの件名に「聴かずに死ねるか！ 小さな呼び屋トムス・キャビンの全仕事」と記載してお送りください。ご質問の内容によりましては、しばらく時間をいただくことがございます。なお、電話やFAX、郵便でのご質問、本書記載内容の範囲を超えるご質問につきましてはお答えできませんので、あらかじめご了承ください。

編集：坂口和樹
装丁：マーチン荻沢（ヒット・スタジオ）
レイアウト：マーチン荻沢／角谷直美（ヒット・スタジオ）
写真：得能通弘、桑本正士、星野俊
印刷所：中央精版印刷株式会社